Jochen Müssig | Margit Kohl

WELTREISE DURCH DEUTSCHLAND

360° medien

IMPRESSUM
Weltreise durch Deutschland
Jochen Müssig I **Margit Kohl**

Bibliografische Information der Deutschen Bibliothek
Die Deutsche Bibliothek verzeichnet diese Publikation in der deutschen Nationalbibliografie.
Detaillierte bibliografische Daten sind im Internet über http://dnb.ddb.de abrufbar

© 2021 360° medien I Nachtigallenweg 1 I 40822 Mettmann
360grad-medien.de

Der Inhalt des Werkes wurde sorgfältig recherchiert, ist jedoch teilweise der Subjektivität unter-
worfen und bleibt ohne Gewähr für Richtigkeit, Vollständigkeit und Aktualität.

Redaktion und Lektorat: Christine Walter

Satz und Layout: Serpil Sevim-Haase

Gedruckt und gebunden:
Lensing Druck GmbH & co. KG I Feldbachacker 16 I 44149 Dortmund
www.lensing-druck.de

Bildnachweis: siehe Seite 220

ISBN: 978-3-96855-275-0
Hergestellt in Deutschland

360grad-medien.de

Jochen Müssig | Margit Kohl

WELTREISE DURCH DEUTSCHLAND

360°medien

INHALTSVERZEICHNIS

Jochen Müssig

Warum in die Ferne schweifen ...

... **wenn Kamerun so nahe liegt? In Deutschland die Welt entdecken ist durch Corona zum Trend geworden. Lange Anfahrtswege, besonders Flugreisen, und Overtourism zu vermeiden, ist das Gebot der Stunde. Und es macht so viel Spaß, Indien in Hamm oder Japan in Düsseldorf zu erleben, alle Klimazonen unserer Erde in einem Haus und sogar fast das ganze Firmament bei uns daheim zu entdecken.**

Kamerun hat die deutsche Postleitzahl 17192, gehört zu Waren am Ufer der Müritz und liegt mitten in Mecklenburg-Vorpommern. Einwohnerzahl: 300. Natürlich liegt auch Afrika gleich in der Nähe: 80 Kilometer nordöstlich von Berlin im Land Brandenburg. Das deutsche Afrika hat zwar noch weniger Einwohner als 17192 Kamerun, aber immerhin eine eigene Bushaltestelle. Ebenso wie Kanada an der Landstraße zwischen Kleinbernsdorf und Schöna in Thüringen, während in Amerika – Postleitzahl 09322 in Sachsen – schon 1874 der Bahnhof in Betrieb genommen wurde.

Deutschlands exotische Ziele sind aber nicht nur kleine Dörfer und Weiler mit großen Namen, sondern Pyramiden und Tempel, Flusslandschaften und sogar ganze Städte. „Warum in die Ferne schweifen? Sieh, das Gute liegt so nah", wusste schon Johann Wolfgang von Goethe.

Die große weite Welt hat durch ein mediales Überangebot viel von ihrer Exotik verloren. Umso wichtiger ist es, sich der Heimat und der Ferne gleichermaßen neugierig zu nähern, Plätze zu finden, die vielleicht etwas versteckt, aber dennoch ein Erlebnis und vielleicht einen Vergleich zu Orten im Ausland wert sind. Solch eine Recherche beginnt ja häufig mit einer guten Landkarte. Ich erinnere mich noch sehr genau, dass der gute alte „Diercke"-Weltatlas im braunen Leinengewand mein Lieblingsschulbuch war. Die Reisen mit dem Finger auf der Landkarte gingen bald über die Alpen und übers Mittelmeer hinaus. Irgendwann landete ich in Asien, Afrika, Amerika, Australien ... Als „Diercke"-Schüler hatte ich zwar noch nichts gesehen von der Welt, doch der Vorstellungskraft war keine Grenze gesetzt. Das ist immer noch die beste Voraussetzung für Entdeckungen. Auch im eigenen Land! Und nicht nur in der Immobilienbranche gilt inzwischen: Die zweite Reihe ist die erste Wahl, denn diese hat beachtliches Potenzial, das wir vielfach ungenutzt lassen.

Machen wir also gemeinsam eine Weltreise durch Deutschland: Entdecken wir unser Heimatland aus neuen Blickwinkeln, freuen uns über Unbekanntes, wagen wir Vergleiche: Deutschland – mein Neuland.

Die erste Erdölbohrung der Welt fand nicht etwa auf der arabischen Halbinsel statt, sondern in der Nähe von Celle. Der größte Hindu-Tempel Kontinentaleuropas steht in Hamm in Nordrhein-Westfalen: der Sri Kamadchi Ampal Tempel. Wie der dorthin kam? „Es war Gottes Wille", sagt Priester Arumugam Paskaran. „Während der Zugfahrt von Berlin nach Paris hatte ich plötzlich großen Hunger und ich stieg einfach aus. So kam ich nach Hamm. Und ich blieb." Aber auch andernorts darf man mit fremden Kulturen in Dialog treten: Im fränkischen Miltenberg auf dem dortigen Jüdischen Friedhof zum Beispiel, in Xanten mit dem alten Rom oder in Potsdam im russischen Viertel Ale-

Margit Kohl

xandrowka. In Deutschland kann man im Winter auf der Zugspitze im Iglu übernachten oder auf Vulkanen zum Skifahren gehen, mit Blick auf Kraterseen und 200 Vulkanen mit Höhen bis zu 800 Metern. Was die Eifel für den Wintersportler mit Hang zur Exotik ist, stellt die Quarzdüne Monte Kaolino in der Oberpfalz für Wüstenfans dar. Der Spreewald dient als veritabler Dschungel- und Amazonas-Ersatz, selbst wenn dort keine Alligatoren aus dem Wasser lugen oder freche Affen in den Bäumen herumturnen. Die Atmosphäre ist dennoch durchaus vergleichbar! Und in Bremerhavens Klimahaus kann man gleich eine ganze Weltreise durch alle Klimazonen dieser Welt machen.

Einen langen Flug spart man sich auch, wenn man in die Fächerstadt Karlsruhe fährt. Sie ist klar strukturiert: Wie Sonnenstrahlen weisen 32 Straßen und Wege vom Schloss aus in die Stadt. Ein absolutistischer Stadtgrundriss, den US-Präsident Thomas Jefferson kopierte: Er entwarf nach diesem Vorbild die neue Hauptstadt Washington. Auch die berühmten Häuserblocks wurden nicht in den Staaten erfunden – sondern in Mannheim, der Quadratestadt in Deutschland. Baden-Baden macht mit seinem wunderschönen Casino Monaco Konkurrenz, was auch für die Steinerne Brücke in Regensburg im Vergleich zur Karlsbrücke von Prag gilt. Regensburg war ja sogar das ältere Vorbild!

So kann man also Teile der Welt bestens in Deutschland entdecken. Zumal die überwiegende Mehrheit der Deutschen seit jeher Urlaub im eigenen Land macht und Deutschland mit die günstigsten Nebenkosten in Europa hat. Die Wege sind in allen Fällen kurz und die Heimat kann ganz schön exotisch bis kurios sein! Nach einigen Überraschungen stellt man sich vielleicht sogar die Frage: Kenne ich mein Heimatland wirklich? Nach den folgenden Reportagen sicherlich ein wenig besser. Und man kann mit diesem Buch wohl auch die günstigste Weltreise seines Lebens machen …

Jochen Müssig und Margit Kohl

Lust auf eine Weltreise? In Deutschland! Unsere vier Touren zu außergewöhnlichen Plätzen, wie man sie sonst nur im Ausland finden kann, beginnen immer in einer Großstadt: im Norden (Hamburg), im Westen (Düsseldorf), in Mitte-Osten (Frankfurt am Main) und im Süden (München).

Auf der jeweiligen Route legen wir unser Augenmerk aber verstärkt auf jene
magischen Momente in Orten oder Landschaften, die man ohnehin passieren muss, wenn man sich von einem Weltreiseziel zum nächsten auf den
Weg macht.

VIER TOUREN DURCH DEUTSCHLAND UND DIE WELT

Am Ganges? Nein, am Datteln-Hamm-Kanal!

DURCH DEN NORDEN

Afrika? Nein, Hodenhagen!

DURCH
DEN NORDEN

Die Momente-Tour

1 Hamburg – 120 Kilometer –
2 Bremerhaven – 82 Kilometer –
Wilhelmshaven – 78 Kilometer –
3 Juist – 20 Kilometer –
4 Greetsiel – 82 Kilometer –
5 Emslandkanal/Papenburg – 29 Kilometer – Saterland – 38 Kilometer –
Oldenburg – 50 Kilometer –
Bremen – 79 Kilometer –
6 Hodenhagen – 55 Kilometer –
7 Hannover – 126 Kilometer –
Lüneburg – 109 Kilometer –
Schwerin – 78 Kilometer –
8 Heiligendamm – 20 Kilometer –
Rostock – 142 Kilometer –
9 Rügen – 60 Kilometer –
Greifswald – 62 Kilometer –
Usedom – 40 Kilometer –
10 Peenetal/Anklam

Gesamtdistanz:
1270 Kilometer
Empfohlene Reisedauer:
zwei Wochen

Legende:
Kapitelorte im Buch sind mit rotem Pin markiert und mit Zahlen versehen. Schwarzer Pin: interessante Orte, die am Wegesrand unserer Tour liegen und einen zusätzlichen Abstecher wert sind.

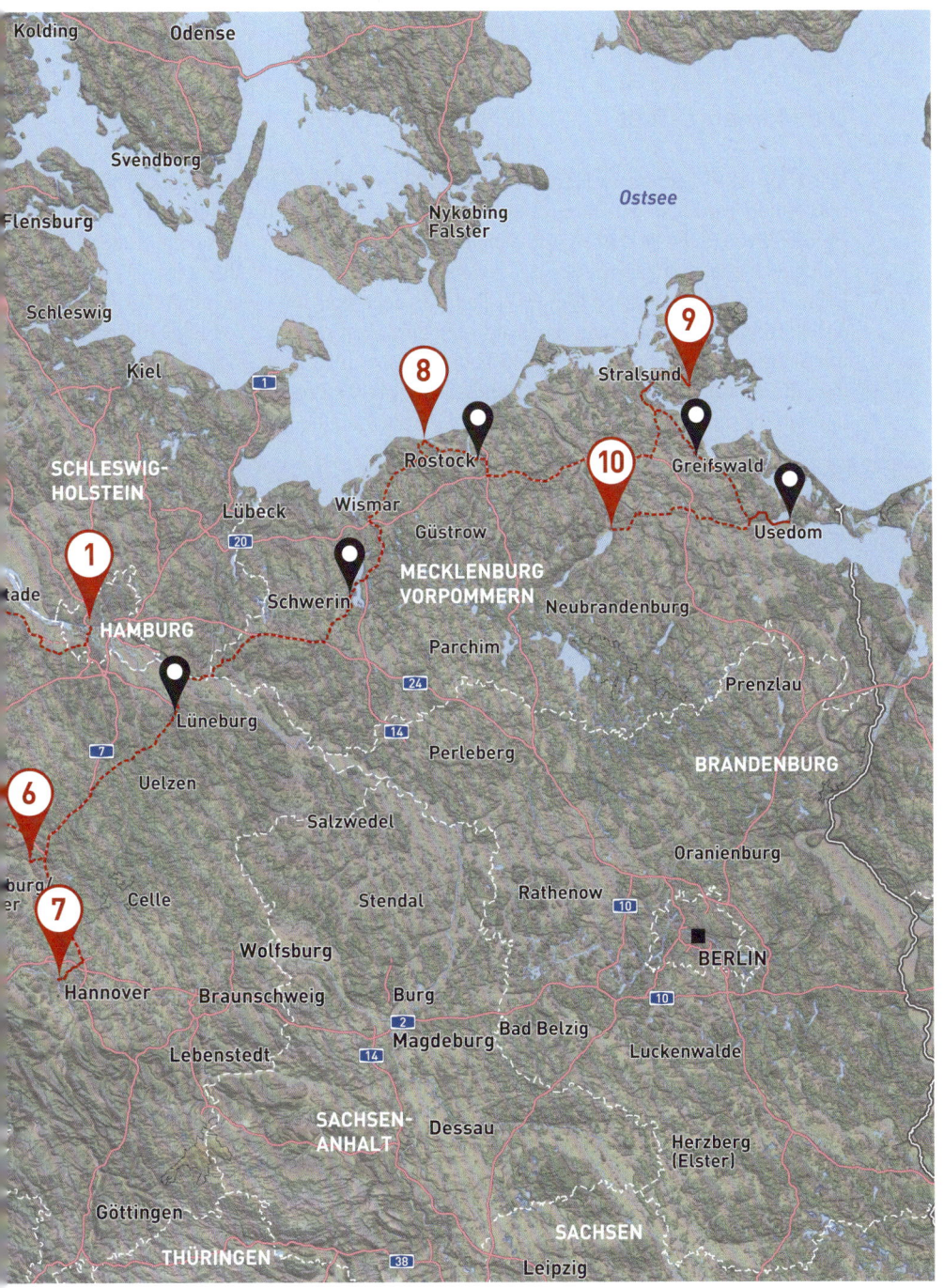

Kolding
Odense
Svendborg
Flensburg
Nykøbing
Falster
Ostsee
Schleswig
Kiel
1
SCHLESWIG-
HOLSTEIN
Lübeck
8
Rostock
Stralsund
9
Greifswald
10
Usedom
Wismar
Güstrow
1
tade
HAMBURG
Schwerin
**MECKLENBURG
VORPOMMERN**
Neubrandenburg
Lüneburg
Parchim
7
14
Uelzen
Perleberg
Prenzlau
6
Salzwedel
BRANDENBURG
Oranienburg
burg
er
Celle
Stendal
Rathenow
10
7
Wolfsburg
Burg
BERLIN
Hannover
Braunschweig
2
Bad Belzig
10
Lebenstedt
Magdeburg
Luckenwalde
14
**SACHSEN-
ANHALT**
Dessau
Herzberg
(Elster)
Göttingen
SACHSEN
THÜRINGEN
38
Leipzig

DURCH DEN NORDEN

Die Momente-Tour

Die Nord-Tour beginnt in Hamburg (Seite 20), wo man in Deutschlands größtem Hafen ganz nah an die größten Schiffe herankommt. Im Klimahaus von Bremerhaven (Seite 24) lassen sich dann entlang des 8. Längengrades in kürzester Zeit gleich alle Klimazonen der Welt erleben. Auf keinen Fall sollte man in Wilhelmshaven die historische Kaiser-Wilhelm-Brücke von 1907 versäumen. Es ist ein filmreifer Moment, wenn die größte Drehbrücke Europas ihre Flügel öffnet, um Schiffe mit hohen Masten in den Hafen passieren zu lassen. Ein ehemaliger Signalturm auf der Schleuseninsel, der in eine stilvolle Ferienwohnung mit Panoramablick umgebaut wurde, ist der ideale Platz zum Übernachten.

Kaiser-Wilhelm-Brücke in Wilhelmshaven

Von der Stadt geht es ans Meer auf die autofreie Insel Juist (Seite 28), wo man am berühmten 17 Kilometer langen Nordstrand relaxen kann. Zurück auf dem Festland im Fischerdorf Greetsiel (Seite 32) erwartet einen neben pittoresken Giebelhäuschen die größte Kutterflotte Ostfrieslands mit leckeren Nordseekrabben. Noch größere Schiffe lassen sich auf dem Emslandkanal (Seite 34) bestaunen, wenn Kreuzfahrtriesen die Meyer Werft in Papenburg im Rückwärtsgang verlassen.

Im Saterland braucht sich keiner zu wundern, der die Sprache Saterfriesisch nicht versteht. Abgeschirmt durchs Moor, war die Gemeinde noch bis ins 19. Jahrhundert nur mit dem Schiff zu erreichen, und so konnte sich hier die kleinste Sprachinsel Europas erhalten. Deftig aufgetischt wird in Oldenburg, wenn in der selbst ernannten Kohltourhauptstadt Deutschlands typischer Grünkohl mit Pinkelwürsten oder sogar Pralinen aus Grünkohl angeboten werden. Dass aus schier aussichtsloser Lage auch Kraft für einen Neuanfang geschöpft werden kann, lernt man von Grimms Märchenfiguren der

Bremer Stadtmusikanten

Bremer Stadtmusikanten vor dem Rathaus. Denn Esel, Hund, Katze und Hahn sind gemeinsam selbst dem Tod entkommen. Exotischere Tiere wie Giraffen, Löwen oder Elefanten erlebt man sogar live auf Safari im Serengeti Park von Hodenhagen (Seite 38) und kann dort obendrein noch in afrikatypischen Lodges übernachten.

In den Herrenhäuser Gärten von Hannover (Seite 42) wandelt man durch die bedeutendsten kunstvoll angelegten Barockgärten Europas, während der Besucher im Naturpark Lüneburger Heide eine völlig naturbelassene Landschaft antrifft, die im Spätsommer erblüht, als habe die Natur einen riesigen violetten

Lüneburger Heide

Schloss Schwerin

Teppich ausgebreitet. Mehr als zweitausend Schlösser und Herrenhäuser gibt es in Mecklenburg-Vorpommern, wovon das bekannteste das Schweriner Schloss auf einer Insel im Stadtzentrum ist. Das wegen seiner romantischen Anmutung auch „Neuschwanstein des Nordens" genannte Schloss war jahrhundertelang Residenz der mecklenburgischen Herzöge und Großherzöge und ist heute Sitz des Landtags. Eine Architekturperle ist auch Heiligendamm (Seite 44), Deutschlands ältestes und mondänstes, ganz in Weiß leuchtendes Seebad an der Ostsee. In der Hansestadt Rostock zeigt sich auch heute noch, warum die Stadt mit ihren imposanten gotischen Kirchen, dem alten Stadthafen und den typischen Giebelhäusern einst das führende Mitglied der Hanse war.

Rostock: Neuer Markt

Auf Rügen (Seite 48) taucht man ein in Caspar David Friedrichs romantische Landschaft der Kreidefelsen. Ein Abstecher lohnt nach Greifswald zum Geburtshaus von Wolfgang Koeppen, einem der bedeutendsten Schriftsteller der deutschen Nachkriegszeit.

In puncto Seebrücken kann hingegen niemand mit der Insel Usedom konkurrieren. Fünf historische Seebrücken erschließen hier das Meer als Flaniermeile auch für Fußgänger, wovon besonders die älteste Seebrücke Deutschlands in Ahlbeck (1898) und die längste Seebrücke Kontinentaleuropas in Heringsdorf (508 Meter) interessant sind. Zum erholsamen Abschluss kann man sich im Naturjuwel des Peenetals (Seite 52) wie einst Huckleberry Finn und Tom Sawyer auf dem Fluss im Hausboot treiben lassen und wildromantische Abenteuer erleben.

Seebrücke Ahlbeck auf Usedom

INFO

wilhelmshaven-touristik.de
die-nordsee.de/signalturm-in-
wilhelmshaven
saterland.de
kohltourhauptstadt.de
bremen-tourismus.de

lueneburg.info
schwerin.de
rostock.de
greifswald.m-vp.de
koeppenhaus.de
usedom.de

1. HAMBURG – SHANGHAI

Moin! Moin! – Nín hǎo!

Hamburg ist Deutschlands größter Hafen, Shanghai International Port der größte weltweit. Doch das Besuchererlebnis dürfte in Hamburg größer sein und an die großen Pötte kommt man auch in der Hansestadt heran. Die zweitgrößten Städte Chinas und Deutschlands verbindet eine Städtepartnerschaft, die Häfen eine Hafenpartnerschaft. Was Shanghai trotz seiner Größe jedoch fehlt, ist – ausgerechnet – die „Peking".

Sie ist eine stählerne Legende: 1911 in Hamburg gebaut, fuhr die „Peking" als Frachtsegler 34-mal um Kap Hoorn. Mit 115 Metern Länge war sie eines der größten Segelschiffe der Welt, bis sie 1974 als Museumsschiff in New York in Rente ging. 2020 kehrte die „Peking" zurück in ihren Hamburger Heimathafen – endgültig. Ihr Liegeplatz kann nicht schöner sein: gegenüber der Elbphilharmonie. Bis 2025 kann man sie allerdings nur von außen besichtigen. Dann erst eröffnet auch parallel das neue Deutsche Hafenmuseum.

Containerriese an der Elbe

„Moin! Moin!", sagen sie in Hamburg zur Begrüßung, „Nín hǎo!" in Shanghai, der Stadt mit 30 Millionen Einwohnern und dem größten Containerhafen der Welt. 42 Millionen TEU werden dort jährlich umgeschlagen, sechs Millionen mehr als in Singapur auf Platz 2 und 33 Millionen mehr als in Hamburg, das es nicht einmal unter die Top Ten schafft, obwohl zweitgrößter Hafen in Europa nach Rotterdam. Unter TEU versteht man „Twenty-foot Equivalent Unit", zu deutsch: Zwanzig-Fuß-Standardcontainer.

„Moin! Moin!", sagt auch Schiffsführer David, der – das Mikrofon in der einen Hand, das Steuer in der anderen – seine 50 Gäste zur Hafenrundfahrt begrüßt. „Am Hafen geht's nicht wie in einer Parfümerie zu", verkündet er gleich ganz uncharmant, und auch für die ganze Litanei an Fakten wie „75 Quadratkilometer Hafenfläche" oder „12.000 Seeschiffe machen pro Jahr fest" hat David gerne einen kessen Spruch parat. Er erzählt von der Speicherstadt, die viel schöner ist als die von Shanghai, von der Elbphilharmonie – auch das Shanghai Grand Theatre

kann da nicht mithalten –, von den Containerterminals und den Landungsbrücken. An den 700 Meter langen, schwimmenden Pontons der Landungsbrücken
ist Platz für kleine Barkassen und große Dampfer. Seebären mit Kapitänsmützen
werben für Hafenrundfahrten. Doch von den Landungsbrücken gehen auch
regulär verkehrende
Fähren ab. So Richtung
Lühe / Altes Land, wo
man in 45 Minuten auf
der Elbe, begleitet von
Riesenfrachtern, gemüt-
lich nach Blankenese
schippern kann. Auch so
etwas gibt es in Shanghai
nicht.

Nachtstimmung in Hamburg

Längst haben die St.-
Pauli-Landungsbrücken
ihre ursprüngliche Be-
deutung als Anlegestati-
on für den Dampfschiff-
verkehr nach Übersee
verloren. „Da waren sie noch das Tor zur Welt", sagt David wehmütig. Heute
sind sie Flaniermeile mit Fischlokalen, Hafenkneipen und Schoner wie die „Mare
Frisium" von 1916, die zur Eventlocation wurde. Vom Promenadendeck hat man
den besten Überblick auf den Hafen und die beiden Museumsschiffe „Cap San
Diego", das größte, fahrtüchtige Museumsfrachtschiff der Welt, und „Rickmer
Rickmers", ein 1896 gebauter Drei-Master mit 97 Metern Länge und 50 Meter
hohen Masten. Gegenüber zeigt eine Flutmarke den Wasserstand, den die Elbe
bei der verheerenden Flut 1962 erreichte, als der Orkan Vincinette die Nordsee in
die Elbemündung drückte. Am östlichen Ende des Empfangsgebäudes steht der
Uhrturm, in dem eine Glasuhr jede halbe Stunde – wie Seeleute sagen – zum
Glasen gebracht wird.

Sie schreien, was die Stimme hergibt: „Aale! Aale!", tönt der Aale-Dieter laut-
hals. Dieter Bruhn, so der bürgerliche Name, ist einer der Fischmarkt-Originale.
Drei Kilometer westlich der Landungsbrücken dreht sich am Fischmarkt an der
Nordelbe alles um Fisch. Seit 1870 wird an der Großen Elbstraße der frische
Fang verkauft. Die Fischer wollten früher ihr Gut schließlich noch vor Beginn
des sonntäglichen Gottesdienstes loswerden. Zhenru, Shanghais größter Fischmarkt, hat zwar an Fischarten ein Vielfaches im Angebot, aber an die Mischung
aus gemütlicher Jahrmarkts- und lautstarker Bazar-Atmosphäre von Hamburg
kommt Zhenru nicht heran. Um das zu erleben, muss man allerdings früh auf

den Beinen sein: Um 5 Uhr geht es los, dann ist die Stimmung am authentischsten. Bis 8 Uhr ist alles verflacht – abgesehen von der markanten Silhouette der riesigen Hafenkräne. Im Schatten der hundert Jahre alten Fischauktionshalle stehen

Käuflicher Sex in St. Pauli

die letzten Nachtschwärmer von der Reeperbahn um Fischbrötchen und heißen Kaffee an, während Touristen aus aller Herren Länder mit großen Augen das Geschehen verfolgen. Wer zu spät dran ist, schippert mit der Fähre 62 nach Övelgönne, die Lotsen- und Kapitänssiedlung am Elbstrand. Im „Alten Lotsenhaus", direkt am Elbufer, gibt es Scholle und Barsch, Lachs und Krabben.

„Na, junger Mann, komm doch mal zu mir …": Um den Hauch des Verbotenen und den Ruch von käuflichem Sex geht es auf der quer durch St. Pauli verlaufenden, weltberühmten Sündenmeile, von der

Davidwache am Spielbudenplatz

die chinesischen Männer aus Shanghai nur träumen: „Auf der Reeperbahn nachts um halb eins" – der Evergreen von Hans Albers ist auch nach zig Jahrzehnten nicht verklungen. Die Reeperbahn ist zwar nur 600 Meter lang, aber es wetteifern 400 Lokale, Clubs, rund 50 Bordelle, Stripbars, Sado-Maso-Treffs, Sexshops, ein Casino, Spielhallen und sechs Theater um die Gunst des Publikums. Der eine erhofft sich nostalgische Hans-Albers-Atmosphäre von der „Großen Freiheit Nr. 7", Matrosen bringen kosmopolitische Stimmung aus allen Ländern der Erde auf den Kiez. Und zusätzlich hat die Reeperbahn in den letzten Jahren einen Imagewandel vollzogen und auf gehobenem Niveau deutlich zugelegt. Restaurants haben aufgemacht, die sogar vom Publikum aus Blankenese besucht werden. Der Spielbudenplatz konnte seit „Cats" eine kulturelle Wende einläuten, in dessen Fahrwasser kleine Bühnen wie das St.-Pauli-Theater oder das Varieté Schmidt an Qualität zulegten.

Der Spielbudenplatz als kultureller Mittelpunkt, die Davidwache, das für St. Pauli zuständige Polizeirevier 15, durchs Fernsehen zur bekanntesten Wache Deutschlands avanciert, die angrenzende Große Freiheit, die mit dem gleichnamigen Hans-Albers-Film und durch Auftritte der Beatles berühmt wurde, sowie die Bordellgasse Herbertstraße sind die international bekannten Eckpunkte. Um 1900 wurde die Herbertstraße als geschlossene Wohnanlage für Prostituierte eingerichtet, um Übersicht und Kontrolle über das Gewerbe zu haben. Die durch Sichtblenden abgeschottete Straße, in der sich die Damen hinter Fenstern zur Schau stellen, dürfen nur erwachsene Männer betreten.

INFO

Hamburg – 1.845.000 Einwohner

Aktivitäten:
- Fischmarkt am Sonntag (ab 5 Uhr)
- Hafenrundfahrten: *hamburger-rundfahrten.com, capsandiego.de*

Museum: *shmh.de/de/hafenmuseum-hamburg*

Restaurants:
- Brücke 10: Fisch- und Krabbenbrötchen auf weiß gestrichenen Holzbänken direkt an der Elbe; ab 3 EUR; Landungsbrücke 10, 20359 Hamburg, Tel. 040 33399339, *bruecke10.com*
- Zum alten Lotsenhaus: Fisch und Meeresfrüchte, Strandterrasse mit tollem Hafenblick; Hauptgerichte 18 bis 30 EUR; Övelgönne 13, 22605 Hamburg, Tel. 040 8800196, *zum-alten-lotsenhaus.de*

Unterhaltung: *st-pauli-theater.de;* Varieté Schmidt, *tivoli.de*

Unterkunft:
- Louis C. Jacob: besser und schöner kann man an der Elbe nicht wohnen, Max-Liebermann-Originale an den Wänden und die Schiffsriesen fahren zum Greifen nahe vor Zimmern und Terrasse vorbei, gutes Restaurant, Spa, Bibliothek; DZ ab 250 EUR; Elbchaussee 401-403, 22609 Hamburg, Tel. 040 822550, *hotel-jacob.de*

Veranstaltung: Hafengeburtstagsfest im Mai, das weltweit größte Hafenfest mit 300 Schiffen als Geburtstagsgäste

Website: *hamburg-tourismus.de*

2. KLIMAHAUS BREMERHAVEN – KLIMAZONEN WELTWEIT

Weltreise entlang des 8. Längengrades

Auf fünf Kontinenten entlang des 8. Längengrades kann man im Klimahaus Bremerhaven neun völlig verschiedene Orte erleben. Dabei spürt man nicht nur Temperatur und Luftfeuchtigkeit der Originalschauplätze, sondern lernt auch, dass der Klimawandel eine der größten Herausforderungen weltweit ist. Der Reiz der Ausstellung: ein überraschender Wechsel zwischen Wirklichkeitsnähe und verblüffender Inszenierung.

Aus der Ferne betrachtet sieht das Klimahaus in Bremerhaven aus wie ein hochmodernes Kreuzfahrtschiff, das Besucher mit auf Weltreise nimmt. Kaum hat man an Bord eingecheckt, erscheint einem die erste Station noch recht vertraut: Es geht ins Isenthal im Kanton Uri, vorbei an einer grünen Wiese mit Kühen

Klimahaus Bremerhaven – dahinter das Atlantic Hotel Sail City

hinauf durch schroffe Felsenformationen bis zum Gipfelkreuz. Viele der Gegenstände in der Ausstellung wie die Schweizer Kuhglocken sind Originale, die Axel Werner von seiner Reise mitgebracht hat. Der Bremer Architekt machte sich im Auftrag des Klimahauses auf den Weg, die Welt entlang des 8. Längengrades zu bereisen und in Filmbeiträgen die Menschen, die er auf seiner Tour getroffen hat, zu den Ausstellungsbesuchern sprechen zu lassen.

So erzählt die Schweizer Bergfamilie Infanger von der Biwaldalp aber auch, wie der Klimawandel ihre Bergidylle bedroht, weil mit steigenden Temperaturen die Gletscher schmelzen und Geröll- und Schlammlawinen das Leben in den Bergen gefährlich machen. Weil sich dadurch auch die Lebensbedingungen der Insekten verändern, wechseln bei der nächsten Reisestation nicht nur das Klima, sondern auch die Größenverhältnisse. Der Besucher schrumpft selbst auf Insektengröße und erkundet so den Mikrokosmos von Sardinien, wo Forscher auch Auswirkungen auf die heimische Tierwelt beobachteten: Heuschrecken wanderten wegen steigender Temperaturen aus Afrika nach Italien ein.

Schweiz: Isental

Sardinien: Insektenperspektive

„Je suis une mer" – „Ich bin ein Meer" steht am Eingang zu Niger, während der Weg durch Wüstensand und trockene Hitze von 35 Grad führt. Vor 135 Millionen Jahren war die Sandwüste in Niger tatsächlich ein Meer. Eine alte Tuareg-Frau erzählt von einer Zeit, als es noch Wasser gab und ein Fluss zwischen den Dünen verlief, zu dem die Tiere zum Trinken kamen. Heute hat sich die Wüste immer mehr ausgebreitet. Wie lange werden die Tuareg noch Wasser in ihren Brunnen finden? Dage-

Niger: Steinwüste

gen tropft im Regenwald von Kamerun das Wasser nur so von den Blättern. Das feuchtheiße Klima ist ein Paradies für Tiere und Pflanzen, doch in der Ferne sind schon die Kettensägen der Baumfäller zu hören. Mystisch wird es, wenn man

Kamerun: Galago-Äffchen

sich hier bei Dunkelheit den Weg durchs dichte Blattwerk bahnt, während überall die Laute nachtaktiver Regenwaldbewohner zu hören sind, und mit etwas Glück sieht man eines der putzigen Galago-Äffchen.

Nach der Tropenschwüle geht es als Kontrastprogramm in die Kälte des ewigen Eises der Antarktis. Damit es einem nicht zu kalt wird, kann man sich gleich in den Nachbau der Neumayer-Polarstation des Alfred-Wegener-Instituts begeben oder in einen Original-Polaranzug schlüpfen. Dabei beträgt die Temperatur in diesem Teil der Ausstellung gerade mal minus sechs Grad, was der durchschnittlichen Sommertemperatur in der Antarktis entspricht. Im Winter können es da schon mal minus 70 Grad werden. Die Forschungsstation fand heraus, dass etwa 90 Prozent der weltweiten Eismassen und 61 Prozent der Süßwasserreserven in der Antarktis liegen. Von der Polarstation bis in eine Fale auf Samoa ist es im Klimahaus nur ein Katzensprung. Samoaner kamen eigens aus

Antarktis: Polarstation

der Südsee nach Bremerhaven, um hier eines ihrer traditionellen Wohnhäuser aufzubauen, weil europäische Handwerker diese Technik nicht beherrschen. Der Blick aus dem Pfahlbau auf die Lagune ist genauso traumhaft wie die Temperaturen, die das ganze Jahr zwischen 28 und 35 Grad liegen. In mehreren Großaquarien gibt es exotische bunte Fische und Korallen zu bewundern. Eine faszinierende wie gleichsam bedrohte Welt.

Südsee: Samoa

Auf der einsamen Sankt-Lorenz-Insel inmitten der Beringsee etwa 250 Kilometer südwestlich der Westspitze von Alaska müssen die Yupik, die noch von Robbenjagd und Walfang leben dürfen, in der Tundra den Spagat zwischen Jäger- und Sammlergesellschaft und dem American Way of Life bewältigen. Und ehe man sich versieht, ist man wieder zurück in heimischen Gefilden an der Nordseeküste und der Hallig Langeneß, die von tosender See umgeben ist. Künstlich angelegte Hügel, sogenannte Warften, bieten davor Schutz. In einem der Themenräume können Besucher selbst eine Warft bauen und schauen, ob ihre Häuser die Flut überstehen.

Nordseeküste: Hallig Langeneß

INFO

Bremerhaven: 113.643 Einwohner

Aktivitäten:
- Klimahaus Bremerhaven 8° Ost: Am Längengrad 8, 27568 Bremerhaven, Tel. 0471 9020300, *klimahaus-bremerhaven.de*

Unterkunft:
- Atlantic Hotel Sail City: passend zur Weltreise sieht das Hotel mit seiner Architektur in Form eines Segels dem Burj al Arab in Dubai fast zum Verwechseln ähnlich; DZ ab 99 EUR; Am Strom 1, 27568 Bremerhaven, Tel. 0471 309900, *atlantic-hotels.de/hotel-sail-city-bremerhaven*

Website: *bremerhaven.de*

3. JUIST – FRASER ISLAND

Im Reich der Dünen

Die ostfriesische Insel Juist ist extrem schmal, was dem Eiland zum berühmten 17 Kilometer langen Nordstrand verholfen hat. Auf kaum einer deutschen Insel hat man soviel Strand zum Freizeitvergnügen und obendrein ist Juist auch noch völlig autofrei. Hier bleiben Strandfreunde gerne, denn die größte Sandinsel der Welt, Fraser Island, liegt in Australien immerhin Luftlinie 15.783 Kilometer entfernt.

Aussichtspunkt Leuchtturm

Sand und Strand satt. Auf Juist sind es je nach Gezeitenlage meist nie mehr als 500 Meter bis zum Strand, denn die Insel ist sehr schmal. Umso mehr zieht sie sich aber in die Länge und ist mit 17 Kilometern die längste der ostfriesischen Inseln. Sandvergnügen soweit das Auge reicht. Um das zu toppen, müsste man schon bis Fraser Island nach Australien zur weltgrößten Sandinsel der Welt reisen. Das Eiland vor der Küste Queenslands bringt es immerhin auf 1840 Quadratkilometer, dagegen ist Juist mit 16,5 richtig klein.

Ganz großartig ist hingegen, dass auf der Ostfrieseninsel Privatfahrzeuge nicht zugelassen und Autos nur für Feuerwehr, Polizei, Rotes Kreuz oder Ärzte erlaubt sind. Den Rest erledigen 40 Pferdegespanne. Touristen kommen regelmäßig ins

Schwärmen, wenn sie die schweren Kaltblüter mit ihrem prächtigen Geschirr über die gepflasterten Straßen der Insel trotten sehen. Auf Fraser Island hingegen wird der legendäre 75 Mile Beach zum offiziellen Highway, der von Autos mit Allradantrieb befahren werden darf und auch als Start- und Landebahn für Kleinflugzeuge zugelassen ist. Auf Juist landet man zwar nicht auf dem Strand, aber einen Fünf-Minuten-Kurzflug aus Norden-Norddeich gibt es auch.

Pferdegespann statt Auto

Kurhaus mit Glaskuppel

Am langen Nordstrand, wo einem die herbe Meeresbrise um die Nase weht, ist man hingegen ungestört. Im Sommer kann es jedoch mit viel Sonnencreme auf der Haut nur von Vorteil sein, sich einen der zig Strandkörbe zu mieten, will man nicht bald aussehen wie ein mit Sand paniertes Schnitzel, denn Juists Strand ist für seinen feinen Sand bekannt. Wenn die Temperaturen mitspielen, kann man ein Bad im Meer nehmen, fast immer schier endlose

Geschützt im Strandkorb

Dünenlandschaft am Nordstrand

Spaziergänge oder mit dem Pferdefuhrwerk eine kleine Tour machen, natürlich auch selbst reiten oder Ausflüge buchen, etwa zu den Seehundbänken.

Auf keinen Fall sollte man die Aussichtsdüne im Westen und das Billriff mit seinem ebenso schönen Ausblick verpassen. Die höchste Düne auf Juist trägt mit circa 22 Metern den Wasserturm, während es auf Fraser Island die höchste Düne auf stattliche 240 Meter schafft. Mondäner geht es dafür auf Juist zu wie im historischen Kurhaus, das auch „Weißes Schloss am Meer" genannt wird. Es wurde 1898 als Strandhotel eröffnet und trägt seit der Renovierung eine dem Berliner Reichstagsgebäude nachempfundene Glaskuppel, die dem denkmalgeschützten Gebäude eine recht ungewöhnliche Erscheinung verleiht.

Ein Kuriosum ist auch der Hammersee, der größte Süßwassersee der ostfriesischen Inseln. Er entstand 1651, als das Meer durchbrach und die flache Insel zweiteilte, was man bis 1928 von Menschenhand wieder rückgängig machte.

Zurück blieb ein Brackwasser-Biotop, in dem Baden verboten ist. Auf Fraser Island gibt es fast 200 Süßwasserseen, wovon der Lake McKenzie wegen seines klaren türkisblauen Wassers und dem weißen Strand bei Badegästen der beliebteste ist. Das ist auch deshalb so, weil das Schwimmen im Meer vor Fraser Island wegen tückischer Strömungen und großer Haivorkommen nicht ungefährlich ist. Also lieber hiergeblieben auf Juist!

INFO

Juist, Niedersachsen – 1524 Einwohner

Aktivitäten: Badesaison Juni bis September

Website: *juist.de*

---

4. GREETSIEL – MOUSEHOLE

Jetzt ein Krabbenbrot!

Wer ostfriesische Idylle sucht, der ist in Greetsiel genau richtig: Dort findet man nicht nur original ostfriesische Häuser und die Greetsieler Zwillinge, zwei alte Windmühlen, sondern auch einen der malerischsten Fischereihäfen in Deutschland. Da muss sich atmosphärisch sogar Mousehole strecken, das hübsche Puppenstuben-Fischerdorf an der englischen Südküste von Cornwall.

Die Greetsieler Zwillinge

Cornwalls Ortschaften waren schon häufig Schauplatz von so manchem Rosamunde-Pilcher-Roman und -Film: Schieferfassaden, Reetdächer, alles ein bisschen windschief, und Ortschaften wie Mousehole, wo sich die Möwen mit schrillem Geschrei um jeden Fischkopf streiten. Greetsiel wirkt fast wie eine Dublette, nur bunter, fröhlicher und mit hübschen Zwillingen: Die Windräder der mehr als 20 Meter hohen Greetsieler Zwillinge, die beiden markanten Windmühlen, sogenannte Holländer, eine in Rot, eine in Olivgrün, drehen seit 1706 (die rote) und 1856 gemütlich im Wind. Auch der mehr als 600 Jahre alte Fischereihafen mit seinen 25 Krabbenkuttern, eine der größten Flotten ihrer Art des Landes, und noch weit mehr Segelbooten strömt eine wunderbar beruhigende Atmosphäre aus – wenn sich nicht gerade die Möwen streiten …

Direkt davor liegt der Nationalpark Niedersächsisches Wattenmeer, an die 300.000 Hektar mit Salzwiesen, Dünen, Sandbänken und den wie eine Kette vorgelagerten Inseln von Borkum im Westen bis Wangerooge im Osten in einem der meistbefahrenen Meeresgebiete der Welt, der Nordsee.

„Seit 1991 gibt es die Schleuse Leysiel, die den Fischerhafen von der offenen Nordsee trennt", erklärt einer der Fischer. „Da können bis zu acht Kutter gleichzeitig durchgeschleust werden – und wir sind tideunabhänig." Ebbe und Flut bleiben also draußen. Neben dem Hauptfang, den Nordseekrabben, die auch Granat genannt werden, fangen die Fischer Schollen, Scharben und Seezungen. Wobei die Krabben eigentlich Garnelen sind: Die ausgewachsenen Krebstiere können bis zu neun Zentimeter lang werden. Ihre natürliche Färbung ist durchsichtig milchig-grau. „Wir kochen sie noch auf dem Kutter", sagt der Fischer. „Dann nehmen sie ihre rötliche Farbe an. Nach dem Kochen werden sie noch an Bord gut gekühlt und gelangen fangfrisch in den Greetsieler Hafen." Man sollte die viel Eiweiß und wenig Fett aufweisenden Krabben unbedingt probieren: in Form von Greetsieler Krabbensuppe,

Ostfriesland wie im Bilderbuch

Rührei mit Granat oder aber „als Krabbenbrot: pur auf einem deftigem ostfriesischem Schwarzbrot oder mit zwei Spiegeleiern obendrauf", nennt der Fischer sein Lieblingsessen. Das Wappen von Greetsiel zeigt übrigens ein in Blau gehaltenes, dreimastiges Segelschiff, das die Bedeutung Greetsiels als früherer Seehandelsort und Fischereihafen symbolisiert.

Krabben pulen

Der 1500-Einwohner-Ort mit Klinker gepflasterten Straßen und engen Gassen, das Künstlerdorf mit den spitzgiebeligen Häusern, die zum Teil aus dem 17. Jahrhundert stammen, – Greetsiel gilt als schönster Ort der Nordseeküste. Und nicht nur Touristen und so mancher Künstler haben Greetsiel entdeckt, sondern auch die Motivscouts von Film und Fernsehen. „Pfarrer Braun" mit Ottfried Fischer wurde dort gedreht, ebenso wie ein „Tatort" mit Maria Furtwängler. Auch in dieser Hinsicht ist Greetsiel also ebenbürtig mit Mousehole.

INFO

Greetsiel, Niedersachsen – 1500 Einwohner

Restaurant:
- Fischerhus: Krabbenbrot oder Fischteller mit dreierlei Fischen; Hauptgerichte 13 bis 19 EUR; Sielstraße 5, 26736 Greetsiel, Tel. 04926 319, *fischerhus-greetsiel.de*

Website: *greetsiel.de*

5. EMSKANAL – PANAMAKANAL

Ozeanriesen auf engem Kurs

Man muss nicht gleich zum Panamakanal, um Megaliner unmittelbar beim Manövrieren zu erleben. Am Emskanal können Besucher der Meyer Werft in Papenburg, einer der größten und modernsten Werften der Welt, nicht nur beim Bau von Kreuzfahrtriesen zusehen. Tausend Schaulustige lassen sich deren Überführung in Richtung Nordsee nicht entgehen, wenn die Schiffe noch dazu rückwärts durch die Landschaft schieben.

Enges Manöver

„Rückwärts ist es einfacher", sagt der Werftkapitän über die schwierige Aufgabe, einen gerade neu gebauten Kreuzfahrtriesen von der Schiffsschmiede der Meyer Werft in Papenburg durch den schmalen Kanal der Ems zu manövrieren. Wenn

Die Attraktion: großes Schiff im kleinen Kanal

sich so ein schwimmender Koloss rückwärts durch die Landschaft schiebt, wollen sich die kuriose Aktion viele eigens dafür angereiste Schaulustige nicht entgehen lassen. Wer bei so einem Ereignis hier zum ersten Mal am Deich steht, fragt sich nur, warum fährt das Riesenschiff auch noch rückwärts, wo es doch ohnehin kaum Platz hat, sich zu bewegen?

Wenn das Schiff auf beiden Seiten an kniffligen Stellen nicht mehr als zwei Meter Abstand zum Ufer hat, erscheint das aus der Kommandobrücke von hoch oben noch weitaus geringer. „Stellen Sie sich vor, so müssten Sie fahren und sich dabei dauernd umdrehen, um nachzusehen, wie die 250 Meter Schiffslänge hinter Ihnen reagieren", sagt der Werftkapitän. Da kann sich schließlich jeder denken, dass man nach 14-stündiger Fahrt davon eine ausgeprägte Genickstarre hat. Die Rückwärtsfahrt hat hingegen den Vorteil, dass der Kapitän dabei das Riesenschiff in seiner ganzen Länge vor sich hat und jede noch so kleine Bewegung des Megaliners ohne Mühe erkennen kann.

Aber selbst das ist erst die halbe Miete. Denn aus Steuerbord wird beim Rückwärtsfahren ja plötzlich Backbord, achtern heißt voraus und der Bug liegt nun hinten. Für dieses besondere Manöver hat man sich deshalb sogar eine ganz eigene Sprache ausgedacht, denn sonst wäre es permanent zu großen Verwirrungen gekommen. Obendrein bestimmt die Natur den Fahrplan von Überführungsfahrten. Denn das schwierige Vorhaben kann nur bei gutem Wetter und bei hohen Ems-Wasserstand klappen, der noch dazu abhängig von den Gezeiten der Nordsee ist. Da passiert es schon mal, dass die ganze Aktion auch kurzfristig verschoben werden muss, weshalb solche Überführungstermine immer online auf der Internetseite der Werft angegeben werden.

Um solche Kreuzfahrtriesen bei ihrer Fahrt auch nächster Nähe zu beobachten, muss man also nicht eigens bis nach Panama reisen, wo der 1914 eröffnete Panamakanal als eine der wichtigsten Wasserstraßen der Welt eine Landenge

Schiffsmontage in der Meyer Werft

durchschneidet, um für die Schifffahrt den Atlantik mit dem Pazifik zu verbinden. Die etwa 15.000 Schiffe, welche den 82 Kilometer langen und künstlich errichteten Panamakanal pro Jahr durchfahren, ersparen sich damit eine längere und gefährlichere Fahrt ums Kap Hoorn an der Südspitze Südamerikas, was natürlich auch für viele Containerschiffe interessant ist. Dagegen ist der bereits 1899 eröffnete Dortmund-Ems-Kanal mit seinen 265 Kilometern vom Dortmunder Stadthafen bis Emden um einiges länger. Grund für den Bau war damals die Entlastung der Eisenbahn, die allein nicht mehr in der Lage war, die Kohle- und Stahl-Produktion des Ruhrgebiets an die Nordsee zu transportieren. Der künstlich gebaute Südteil des Kanals endet bereits südwestlich von Papenburg.

Wie Megaliner hier gebaut werden, das kann man nirgends besser erleben, als in der Meyer Werft in Papenburg. Familie Meyer hält das Schiffbauunternehmen inzwischen schon in siebter Generation seit etwa 225 Jahren auf Kurs. In Papenburg fing alles an, als Werftgründer Willm Rolf Meyer 1795 mit dem Bau kleiner Holzsegler begann. Bis heute haben um die 50 Luxusliner die Werft verlassen und die nächsten sind schon im Bau.

Von zwei Galerien im Besucherzentrum kann man den Arbeitern in der riesigen Werfthalle bei der fertigungssynchronen Produktion nach dem „Bausteinprinzip" zusehen. Bei einer Führung erhält man spannende Einblicke in den modernen Schiffbau und die Überführung der Schiffe auf der Ems. Dabei verdeutlichen originalgetreue Musterkabinen, dass moderne Kreuzfahrtriesen so großräumig und stylish eingerichtet sind wie international hochrangige Luxushotels. Schließlich sind die Megaliner von heute längst schwimmende Kleinstädte mit Theatern, Casinos, Shoppingmalls, Eislaufbahnen, ja sogar Parkanlagen gibt es schon. Aufs größte Kreuzfahrtschiff der Welt passen bei Vollbelegung inzwischen mehr als 6700 Passagiere. Da wundert es einen nicht, dass man im Besucherzentrum plötzlich neben einem riesigen Schiffspropeller steht, dessen Durchmesser allein schon sechs Meter misst.

Schiffspropeller im XXL-Format

INFO

Emsland, Niedersachsen – 325.657 Einwohner

Aktivitäten:
- Besucherzentrum Meyer Werft, Industriegebiet Süd 1, 26871 Papenburg, Tel. 04961 83960, *besucherzentrum-meyerwerft.de*

Website: Emsland-Tourismus, *emsland.com*

6. HODENHAGEN – SERENGETI

Unter wilden Tieren

Der Serengeti Nationalpark in Tansania ist dank des Engagements von Bernhard Grzimek einer der bekanntesten Nationalparks der Welt. Doch soweit muss man gar nicht reisen, denn auch in Niedersachsen gibt es einen Serengeti-Park, bei dem der Zoologe Grzimek beratend zur Seite stand. Hier können Safaritouristen Afrikas Tierwelt aus nächster Nähe erleben und sogar in afrikatypischen Lodges übernachten.

Je mehr man in der Nacht zu lauschen beginnt, desto mehr Geräusche dringen von draußen ins Zimmer: Auf der Terrasse ist ein Knacken und Schmatzen zu hören, als nagte gerade ein Leopard an den Knochen seiner Beute. Ganz still wird es nie, denn Frösche und Grillen geben ein Dauerkonzert am See, und in der

Der Jeep bringt Safarigäste von den Unterkünften zu ...

Ferne verhallen die tiefen Rufe eines Löwen im Dunkel der Nacht. Die Zelt-Lodges inmitten der Dschungel-Safari sind umgeben von 200 Affen, weshalb gleich nach Sonnenaufgang eine Horde Berberaffen den Weckruf übernimmt. Als degenerierter Städter erlebt man Tiere heutzutage meist nur mehr in domestizierter Form und dann ist man plötzlich in diesem Wildpark gelandet. In Afrika? Von wegen!

... den Löwen ...

Am Rande der Lüneburger Heide liegt im Herzen Niedersachsens Europas größter und einzigartiger Safaripark. Der als Zoologischer Garten anerkannte Serengeti-Park ist Heimat von etwa 80 Tierarten mit mehr als 1500 freilaufenden Wildtieren, darunter Löwen, Leoparden, Tiger, Elefanten, Breitmaulnashörner, Giraffen und Zebras. Der Park ist in drei Bereiche unterteilt: die afrikanische Tierwelt (Serengeti-Safari), die Welt der Affen (Dschungel-Safari) und die Abenteuer-Safari mit Fahrgeschäften und Vergnügungsshows. In enger Zusammenarbeit mit Universitäten und Zoologischen Gärten gilt die besondere Aufmerksamkeit des Parks heute dem Arterhalt vom Aussterben bedrohter Tiere wie dem erstmals hier gezüchteten und wieder auswilderten Breitmaulnashorn.

... den Nashörnern ...

... den Zebras ...

Das Tierparkkonzept einer Art Afrika in der Lüneburger Heide setzt die Familie Sepe seit 1974 um, als die ersten Tiere aus Afrika nach Hodenhagen kamen. Der berühmte Zoologe und Tierfilmer Bernhard Grzimek

... den Äffchen ...

... bis zum Wasserloch mit Davidhirschen.

stand der Familie damals beim Bau ihres Parks beratend zur Seite. International bekannt geworden war Grzimek bereits 1959 mit dem preisgekrönten Dokumentarfilm „Serengeti darf nicht sterben", der dafür gesorgt hat, dass die Serengeti in Tansania als Lebensraum für Wildtiere bis heute Bestand hat. Besonders deren Wanderverhalten hatte Grzimek studiert, bei dem 2,5 Millionen Tiere auf der Suche nach frischem Gras und Wasser weite Strecken von bis zu 1000 Kilometer zurücklegen. Einige Tierherden reihen sich mehr als 40 Kilometer aneinander!

Solch weite Tierwanderungen sind im niedersächsischen Serengeti-Park, im dem sich Parkranger um die Fütterung kümmern, nicht notwendig. In naturnahen und befahrbaren Landschaftsanlagen kann sich der Großteil der Tiere innerhalb abgeschlossener Areale frei bewegen. Für Besucher ist es daher erforderlich, sich bei einer Safari an die Spielregeln und die Anweisungen der Ranger zu halten. Das Aussteigen aus dem Fahrzeug, das sogar der eigene Pkw sein darf, ist nicht überall erlaubt. Schon gar nicht bei Nacht, sofern man in einem der mobilen

Ranger-Pick-ups direkt im Wildgehege unterwegs ist. Doch Aufwachen mit Zebras und Watussi-Rindern vor dem Fenster ist einfach Afrika-Feeling pur.

INFO

Hodenhagen, Niedersachsen – 3177 Einwohner

Lage: Am Safaripark 1, 29693 Hodenhagen

Unterkunft:
• Übernachten in Safari-, Zelt-Lodges oder mobilen Ranger-Pick-ups ab 46,50 EUR pro Person; Tel. 05164 97990

Website: *serengeti-park.de*

---

7. HERRENHÄUSER GÄRTEN VON HANNOVER – GÄRTEN VON VERSAILLES

Wenn der Herzog ...

... wie der Sonnenkönig sein will, kommt eine der schönsten Parkanlagen Europas heraus: Die Herrenhäuser Gärten bestehen aus dem barocken Großen Garten, den englischen Landschaftsgärten Georgen- und Welfengarten sowie dem Botanischen Garten, dem Berggarten. In Hannover sieht man aber nicht nur die wichtigsten Stilrichtungen der Gartenkunst, sondern bekommt auch einen guten Eindruck vom Schlossgarten Versailles.

Versailles? Nein, Hannover!

Als Oscar-Preisträgerin Kate Winslet 2014 in die Rolle der „Gärtnerin von Versailles" schlüpfte, mimte sie eine Person, die es damals gar nicht gab. Eine Frau als Gärtnerin? Im 17. Jahrhundert war das unmöglich. Im Historienschinken kümmerte man sich nicht weiter darum. Wahr ist jedoch die Figur des André Le Nôtre. Als Gartenarchitekt Ludwigs XIV. konzipierte er den französischen Barockgarten, und mit dem Schlossgarten Versailles beeinflusste er die Gartenbaukunst in ganz Europa. In der Blütezeit des Barock (1600 bis 1720) entstanden neben prunkvollen Schlössern stets großflächig angelegte Gärten, deren Symmetrie die Macht der absolutistischen Herrscher über die Natur symbolisieren sollte. Das galt für Versailles und den Sonnenkönig ebenso wie für Wien mit Schönbrunn und Kaiserin Maria Theresia oder eben in Hannover für die Herrenhäuser Gärten und Herzog Ernst August: Der barocke Große Garten ist mit einem halben Quadratkilometer Fläche zwar nur ein Bruchteil so groß wie der Schlossgarten von Versailles (acht Quadratkilometer) und er wurde erst 1666 begonnen – gut 30 Jahre nach Versailles –, doch in Struktur, Pracht und manchem Detail steht er den Gärten der Könige und Kaiser kaum nach. So erinnert die Fontäne mit dem bis zu 80 Meter hohen Wasserstrahl an die Wasserspiele von Versailles. Eine Weile war die Herrenhäuser Fontäne sogar die höchste an einem europäischen Hof.

1698 verstarb Ernst August in Schloss Herrenhausen, und die Gärten gerieten in Vergessenheit, weil sich die folgenden in Personalunion regierenden Herrscher von Hannover und Großbritannien in London aufhielten. Dies war ein großes Glück, denn im 18. Jahrhundert gestalteten viele Fürsten ihre Barockgärten in die damals beliebten Landschaftsgärten um. Der Große Garten blieb jedoch in seiner Struktur unverändert und somit auch ein Stück europäischer Gartenbaukunst erhalten.

Neben den Barockgarten entstand beinahe gleichzeitig der Berggarten, einer der ältesten Botanischen Gärten in Deutschland mit 11.000 verschiedenen Pflanzen aus unterschiedlichen Klimazonen und einer der größten Orchideensammlungen des Kontinents. Deutlich später (1841) wurde der Georgengarten, ein Landschaftspark nach englischem Vorbild, angelegt. Im Mittelpunkt des Welfengartens befindet sich das Welfenschloss, heute Sitz der Universität Hannover. Die Studenten haben ihn als ihren Freizeitpark eingenommen.

INFO

Hannover, Niedersachsen – 534.000 Einwohner

Aktivitäten: Kutschfahrt, sonntags ab 11 Uhr, ab Milchhäuschen im Georgengarten

Museum: *wilhelm-busch-museum.de* im Georgengarten

Restaurant:
• Schlossküche: Pasta, Fisch-Köfte, Rouladen, tolle Kuchen: die Küche ist inspiriert vom internationalen Mitarbeiterstamm; Hauptgerichte 11 bis 24 EUR; Alte Herrenhäuser Straße 3, 30419 Hannover, Tel. 0511 2794940, *schlosskueche-herrenhausen.de*

Unterkunft:
• Hotel am Herrenhäuser Garten: geschmackvolle Zimmer in einem Jugendstilhaus, 300 Meter zu den Gärten; DZ ab 95 EUR; Herrenhäuser Kirchweg 17, 30167 Hannover, Tel. 0511 700720, *hotel-am-herrenhaeuser-garten.de*

Veranstaltung: Internationaler Feuerwerkswettbewerb der fünf Kontinente (fünf Termine im Sommer)

Website: *hannover.de*

8. HEILIGENDAMM – CABOURG

Weiße Stadt am Meer

Als Deutschlands ältestes und mondänstes Seebad an der Ostsee kann Heiligendamm auf eine lange und wechselvolle Geschichte vom Fürsten- zum Arbeiterbad bis zum heutigen Grand Hotel zurückblicken. Von der Magie Heiligendamms sind Besucher schon seit jeher begeistert, denn es ist wie das legendäre Seebad Cabourg in der Normandie ein Ort, der gleichsam Geschichte und Kultur atmet.

In noblem Weiß erstrahlen Heiligendamms klassizistische Gebäude und verbreiten ihren ganzen Glanz an der Ostsee. Staubarme Seeluft und weitläufige Buchenhochwälder, die bis an den Strand wachsen, machten den Ort einst zum berühmtesten und ältesten Seeheilbad Deutschlands. Bereits 1793 badete Herzog Friedrich Franz I. von Mecklenburg-Schwerin auf Anraten seines Leibarztes am „Heiligen Damme" in der Ostsee. So wurde Heiligendamm zum Privatbad der Großherzoglichen Familie und bald für die Bedürfnisse seiner Gäste erweitert.

Seebad Grand Hotel Heiligendamm

Weil Heiligendamm nie als eigene Stadt geplant war, gibt es Promenaden und Plätze mit Verbindungswegen, aber kaum Straßen. Nach Sturmschäden und dem Wegfall von Glücksspieleinnahmen verkaufte der Großherzog das Bad, und weil es sich nicht mehr selbst finanzierte, folgten Eigentümer in rascher Folge. Doch trotz seiner wechselvollen Geschichte blieb Heiligendamm Deutschlands mondänster Badeort.

Saisonauftakt in historischen Schwimmkostümen

Schon damals war es en vogue, mindestens einmal im Leben hier gewesen zu sein. Im Laufe der Jahre folgten prominente Kurgäste wie Rainer Maria Rilke, Marcel Proust, Felix Mendelssohn-Bartholdy, Königin Louise von Preußen, Wilhelm von Humboldt und Zar Peter I., die vor allem in den 1920er- und 30er-Jahren ihren Urlaub in der weißen Stadt am Meer verbrachten. Heiligendamm steht diesbezüglich der französischen Seebadlegende Cabourg in der Normandie, deren Architektur mit imposanten Villen aus der Zeit der Belle Epoque und einem ebenso berühmten Grand Hotel besticht, in nichts nach. Marcel Proust logierte auch in Cabourg gern und setzte mit seinem Roman „Auf der Suche nach der verlorenen Zeit" dem Ort und seinem Grand Hotel ein literarisches Denkmal. „Unendlich viel Zeit" ist deshalb der Leitspruch des 1907 erbauten Grand Hotels, in dem die feine Pariser Gesellschaft, in langen Roben oder im Anzug am Strand gern die Zeit vertrödelte. Ähnlich wie in Heiligendamm lebten sie in einer komfortablen Parallelgesellschaft, die mit der lokalen Bevölkerung nicht in Berührung kam. „Angesichts des traurigen Lebens, das ich führe, erscheint mir die Zeit in Cabourg wie eine Art schöner Traum", schrieb Marcel Proust.

In Heiligendamm kam mit dem Zweiten Weltkrieg der Niedergang des eleganten Seebades und zu DDR-Zeiten die Wandlung ins Zweckdienliche: Flüchtlingslager, Quartier der Roten Armee und Sanatorium für Werktätige. Nach der Wende sollte alles wieder so werden, wie es sich einst die Baumeister Carl Theodor Severin und Adolf Demmler erdacht hatten. „Als ich nach Heiligendamm kam, hatte ich das Gefühl, mitten in einem Jugendtraum zu sein. Ich ging durch ein klassizistisches Ensemble, dem man selbst heute noch ansieht, dass es nur geplant und gebaut wurde, um Vergnügen zu bereiten", sagte Robert A. M. Stern, der mit der Architektursanierung beauftragte Architekt, für den die Weiße Stadt am Meer so etwas wie die Mutter aller Resorts ist. Nach dreijähriger Renovierungsphase wurde das Grand Hotel Heiligendamm als Ensemble 2003 im alten Glanz wiedereröffnet.

Herbstspaziergang an der Strandpromenade Heiligendamm

Insgesamt sechs Häuser mit 181 Zimmern, davon 61 Suiten, umfasst das Resort an der Ostsee heute: Grand Hotel, Kurhaus, Orangerie, das Haus Mecklenburg, die Burg Hohenzollern mit ihren Zinnen und Türmchen und das Severin Palais mit einem 3000 Quadratmeter großen Spa-Bereich. „Heic Te Laetitia Invitat Post Balnea Sanum" – „Freude empfängt Dich hier, entsteigst Du gesundet dem Bade" – so steht es in goldenen Lettern an der Kurhaus-Fassade des Grand Hotels. Die lateinische Inschrift zeugt schon seit dem 18. Jahrhundert von der Bädertradition der Weißen Stadt am Meer. Besonders der G8-Gipfel, der 2007 unter deutscher Präsidentschaft in Heiligendamm stattfand, machte das Seebad wieder einer breiten Weltöffentlichkeit bekannt. Um die Welt gingen Bilder, auf denen Angela Merkel zusammen mit Wladimir Putin, George W. Bush, Nicolas Sarkozy und Tony Blair in einem überdimensionierten Strandkorb saß. Um nun noch das schwache Wintergeschäft sowie den Rückhalt im Nachbarort Bad Doberan zu stärken, sollen saisonverlängernde Maßnahmen wie Wellness-Angebote und Unplugged-Konzerte das Grand Hotel zum „Wohnzimmer der Stadt" machen und auch Einheimische und Tagesgäste überzeugen, dass ihre Weiße Stadt am Meer etwas absolut Einzigartiges ist.

INFO

**Bad Doberan-Heiligendamm,
Mecklenburg-Vorpommern – 12.642 Einwohner**

Aktivitäten:
- Die historische, dampfbetriebene Schmalspurbahn „Molli" verbindet Heiligendamm mit den Nachbarorten Bad Doberan und Kühlungsborn, *molli-bahn.de*

Unterkunft:
- Grand Hotel Heiligendamm: DZ ab 323 EUR, Prof.-Dr.-Vogel-Straße 6, 18209 Bad Doberan-Heiligendamm, Tel. 038203 7400, *grandhotel-heiligendamm.de*

Website: *heiligendamm.info*

9. RÜGEN – BRETAGNE

Maus Mimi und Rabe Krax

Die Kreidefelsen von Rügen sind ein Wahrzeichen für Deutschland – dank Caspar David Friedrichs romantischer Malerei. Das steile Kap Arkona steht unter Natur-, das Kap-Dörfchen Vitt unter Denkmalschutz, es gibt Leuchttürme, die Kultstätte Jaromarsburg und eine Veilchentreppe führt zum Strand. Da muss man gar nicht in die Bretagne – zumal das Nationalparkzentrum sogar Unsichtbares sichtbar macht.

„Von welcher Stelle hat Caspar David Friedrich denn die Felsen gemalt?", fragt ein Tourist auf der Aussichtsplattform des 118 Meter hohen Königsstuhls. Ihm scheint es nicht zu reichen, dass die Kreidefelsen dastehen wie gemalt, weiß und grell im Sonnenlicht, 70 Millionen Jahre alt. „Gehen Sie knapp einen Kilometer weiter nach Süden", antwortet ein Gästeführer. „Dort war der Maler, an der Victoriasicht." Dort malte er 1818 die „Kreidefelsen auf Rügen".

Die Kreidefelsen auf Rügen ...

... auf Deutschlands größter Insel

Die Insel wird häufig gleichgesetzt mit diesen steil, zuweilen senkrecht abfallenden Felsen. Sie sind einer ständigen Erosion ausgesetzt. Mit jedem Sturm brechen Stücke ab. Herausgelöst werden Fossilien, versteinerte Reste von Seeigeln, Schwämmen oder Austern. Doch wie ist die gigantische Kreideküste eigentlich entstanden? Was hat es mit den Mooren und alten Buchenwäldern, seit 2011 Weltnaturerbe, auf sich? Und was passiert im Nationalpark Jasmund, Deutschlands kleinstem Nationalpark auf Deutschlands größter Insel, bei Nacht? „Wir machen Unsichtbares sichtbar", antwortet eine Führerin des Besucherzentrums im Nationalparkzentrum an der Stubbenkammer neben dem Königsstuhl. Ein Multivisionsfilm informiert, akustisch inszenierte Räume inspirieren, interaktive Ausstellungen erlauben das Ausprobieren von Dingen und führen auf eine beeindruckende Zeitreise für alle. Auch die Kleinen spitzen die Ohren: Schließlich erklären Maus Mimi und Rabe Krax für sie die komplexe Welt.

In der Bretagne gibt es bretonischen Hummer, süße Crêpes, Natursteinhäuser, Heidekraut, Saint-Malo sowie Mont-Saint-Michel. Und Albert Uderzo hat sein berühmtes (fiktives) „Asterix & Obelix"-Dorf in die Bretagne gelegt, jener widerborstige letzte Zipfel, der dem großen Römische Reich trotzt. Doch in Sachen Steilküste und Wälder ist die Insel Rügen vielleicht nicht wilder, aber doch

Am Kap Arkona

schöner und romantischer als die nordostfranzösische Küste: Wo gibt es schon eine Veilchentreppe? Oder Vitt, ein unter Denkmalschutz stehendes, wie verwunschen wirkendes Märchendorf, in dem noch 30 Menschen leben? Dazu kommt die alte slawische Kultstätte Jaromarsburg, elegante Seebäder wie Binz, eine Fahrt mit dem unter Dampf stehenden Rasenden Roland. Und natürlich ergänzt Kap Arkona diese wunderbare Rügener Idylle: 45 Meter reckt es sich vor der Ostsee hoch, am besten von einem der drei Türme mit Aussichtsplattform zu sehen. Einer ist heute Standesamt. Dort geschlossene Ehen werden durch eine Tafel im Boden vor dem Turm verewigt. Der 19 Meter hohe, quadratische Schinkelturm wurde 1827 erbaut. 22 Jahre zuvor malte Caspar David Friedrich in der Nähe den „Blick auf Arkona mit aufgehendem Mond".

Seebad Binz und ...

... der Rasende Roland

INFO

Rügen, Mecklenburg-Vorpommern – 63.000 Einwohner

Aktivitäten:
- Fahrt mit der Dampflok Rasender Roland, *ruegensche-baederbahn.de;* Besucherzentrum, *koenigsstuhl.com*

Unterkunft:
- Schlosshotel Spyker: wohnen im ältesten Schloss auf Rügen (14. Jahrhundert), knallrot gestrichenes Gebäude mit 32 komfortablen Zimmern, Park, Seezugang, gutes Restaurant; DZ ab 90 EUR; Schlossallee 1, 18551 Spyker, Tel. 038302 770, *schloss-spyker.de*

Websites:
- *ruegen.de*
- *nationalpark-jasmund.de*

10. PEENETAL – CANAL DU MIDI

Alles im Fluss

Für Hausbooturlauber ist der Canal du Midi im Languedoc ein Traum, doch ist er nicht ohne zahlreiche Staustufen befahrbar. Entspannter geht es da im Peenetal zu, wo es keine Wehre gibt und die Wasserlandschaft obendrein auch noch unberührter ist. Mit dem Hausboot lassen sich die 85 Kilometer vom Kummerower See bis zur Mündung der Peene in den Peenestrom östlich von Anklam am besten entdecken.

Was für ein Abenteuer, wenn man sich einmal wie Huckleberry Finn und Tom Sawyer auf einem Fluss nach Belieben treiben lassen kann, um ein paar Abenteu-

Wasserrastplatz für Hausboote

er zu erleben. Der ideale Platz dafür sind die wildromantischen Wasserwege im Peenetal, eine der schönsten Flusslandschaften Deutschlands. Entstanden in der Pommerschen Weichselzeit ist es eines der größten zusammenhängenden Niedermoorgebiete Mittel- und Westeuropas, das seit 2011 komplett renaturiert und als Naturpark unter Schutz steht. Auch heute noch kreuzen Seeadler und Eisvögel den Weg der Boots- oder Kanufahrer, wenn sie auf dem Fluss vom Kummerower See bis zur Mündung der Peene in den Peenestrom unterwegs sind.

Wer die Natur und das Wasser liebt, sollte nicht lange zögern und den Sonnenaufgang inmitten der Natur gleich auf der Dachterrasse eines Hausbootes genießen, die es führerscheinfrei in unterschiedlicher Ausstattungen zu mieten gibt, von der einfacheren Hausfloß ähnlichen Tom-Sawyer-Variante bis hin zum modernen schwimmenden Ferienhaus. Keine Staustufen und keine Wehre halten den Fluss auf, der sich wegen seines geringen Gefälles und der damit verbundenen

Peene-Landschaft bei Menzlin

langsamen Fließgeschwindigkeit besonders gut für Freizeitkapitäne oder gemütliche Paddler eignet. Für Einsteiger geht es hier viel stressfreier zu, als bei einer
klassischen Hausbootfahrt im Languedoc auf dem Canal du Midi, wo etliche
Schleusen passiert werden müssen und die Natur nicht mehr so wildromantisch
ist wie im Peenetal, einem der letzten unverbauten Fließgewässer Deutschlands.

Personenfähre beim Gutshaus Fährkrug

Sonnenbaden kann man
prima auf einem separaten
Sonnendeck, und wem
es abends am Wasser zu
kühl wird, der heizt die
zugehörige Feuerschale
an oder die im Hausboot
befindliche Gasheizung.
Jetzt in der Dämmerung
sieht man mit etwas Glück
gleich mehrere Biber aus
ihrem Bau kommen. Tags-

über lassen sich an den weitgehend naturbelassenen Ufern selten gewordene Pflanzen wie Ostsee-Knabenkraut, Mehlprimel oder verschiedene Sumpfblumen, aber auch verschiedenste Orchideen-Arten entdecken. Damit das so bleibt, ist das Anlegen im Naturschutzgebiet nur an festen Wasserwanderrastplätzen oder Häfen möglich.

Hausboot ...

Im Örtchen Stolpe bietet sich die passende Gelegenheit für einen Stopp. Eine kleine Personen- und Radfähre verbindet hier die beiden Ufer der Peene, die noch bis vor 300 Jahren Grenzfluss zu Schweden war. Parkranger des Naturparkzentrums bieten geführte Touren an, und im mehr als 350 Jahre alten Stolper Fährkrug serviert man deftige pommersche Küche. Schon der Heimatdichter Fritz Reuter aß in diesem historischen Wirtshaus Hering oder Bratwurst. Zum Ausklang des Abends sitzt man dann bei einem Glas Wein auf seiner überdachten Hausbootterrasse und genießt die unverfälschte Natur der Peenelandschaft. Sie wird einem ein ständiger Begleiter sein und die Kulisse jeden Tag eine andere, je nachdem wo man gerade unterwegs ist auf dem ruhigen Fluss.

... mit Schlafplatz

INFO

Peenetal, Mecklenburg-Vorpommern – Fläche: 450 Quadratkilometer

Aktivitäten:
• Hausbootverleih: Abenteuer Flusslandschaft, Werftstraße 6, 17389 Anklam, *abenteuer-flusslandschaft.de*

Website: *abenteuer-peenetal.com*

DURCH DEN WESTEN UND SÜDWESTEN

Ein exotischer Flusslauf? Nein, die Saarschleife!

DURCH DEN WESTEN UND SÜDWESTEN

Die Grand-Tour

11 Düsseldorf – 25 Kilometer – Duisburg – 39 Kilometer – **12 Xanten** – 125 Kilometer – **13 Hamm** – 38 Kilometer – Dortmund – 36 Kilometer – Essen – 37 Kilometer – Wuppertal – 55 Kilometer – Köln – 31 Kilometer – Bonn – 39 Kilometer – Andernach – 20 Kilometer – **14 Koblenz** – 65 Kilometer – Bingen – 79 Kilometer – **15 Cochem** – 50 Kilometer – Nürburgring – 22 Kilometer – **16 Vulkaneifel/Daun** – 110 Kilometer – **17 Saarschleife**

Gesamtdistanz:
knapp 800 Kilometer
Empfohlene Reisedauer:
mindestens eine Woche, besser zehn Tage

Legende:
Kapitelorte im Buch sind mit rotem Pin markiert und mit Zahlen versehen. Schwarzer Pin: interessante Orte, die am Wegesrand unserer Tour liegen und einen zusätzlichen Abstecher wert sind.

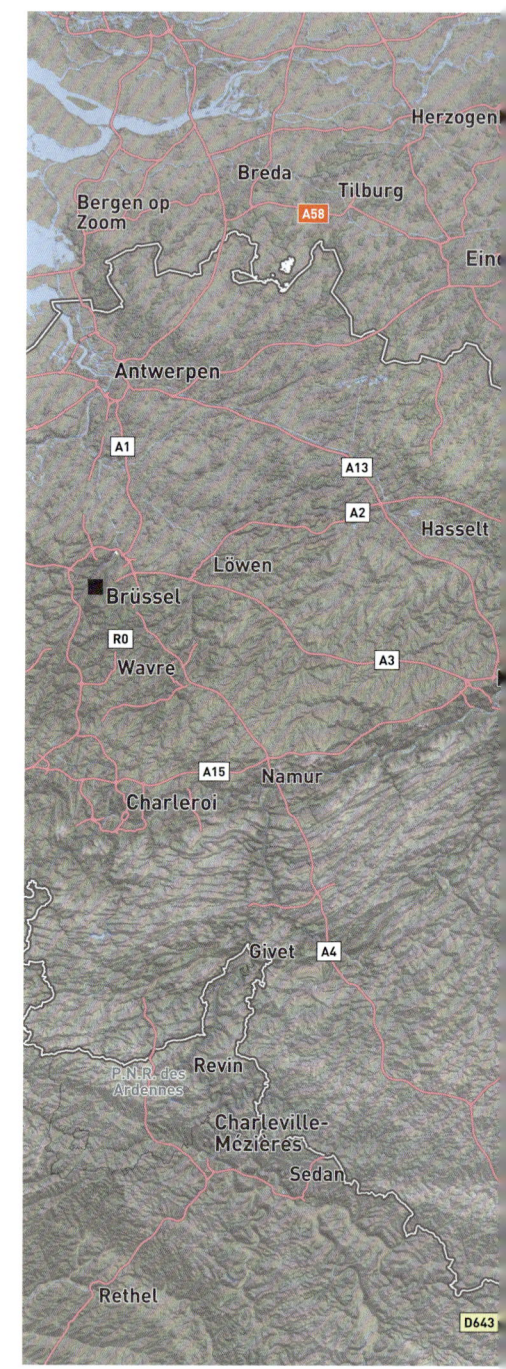

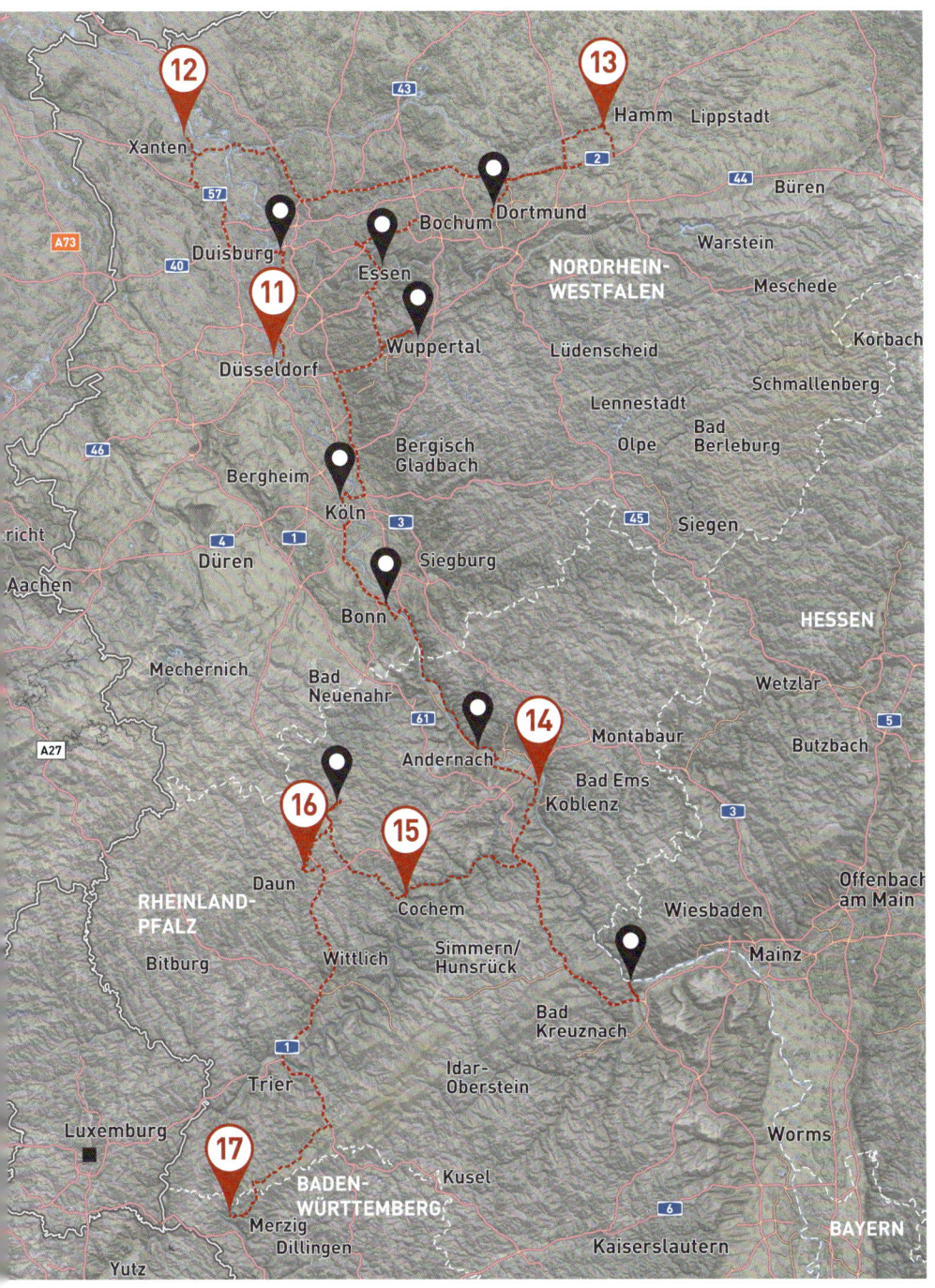

DURCH DEN WESTEN UND SÜDWESTEN

Die Grand-Tour

Früher dauerte eine Grand-Tour oft mehrere Jahre. Sie führte zu vornehmen Schlössern und lieblichen Landschaften, erlesener Kultur und feinen Damen. Die Reise stand auch für die Initiation vom jungen Herrn bei der Abreise zum Gentleman bei der Rückkehr. So manche Überraschung gehörte ebenfalls zu jeder Grand-Tour. Und gehört noch immer dazu – auch bei nur sieben Tagen im 21. Jahrhundert, wenn es statt zu vornehmen Schlössern und feinen Damen auf eine kleine Weltreise im eigenen Land geht: Die Kultur des Reisens neu in-

Die Düssel im Naturschutzgebiet Neandertal

Im Neanderthal Museum in Mettmann

terpretiert, mit einem Auge für die Welt- wie für die Alltagskultur und einem Blick auf Bewegendes entlang der Strecke.

Start ist in Düsseldorf (Seite 64), um Little Tokyo zu erkunden und ganz nebenbei – quelle Surprise – dem Neandertaler einen Besuch abzustatten. Er wurde 1856 im Neandertal bei Mettmann gefunden, ist selbst uralt, besser: mittelpaläolithisch alt. Das ist die Zeit von 130.000 bis 30.000 v. Chr. Gedrungen sieht unser Verwandter aus. Er hatte schon Werkzeuge, arbeitete mit Feuer und ernährte sich als Jäger und Sammler von Fleisch und Pflanzen. Ein Platz zum Schauen und Neugierde befriedigen.

Duisburg, Europas größter Binnenhafen, ist noch immer Schimmis Reich. Nach Schimanski, dem Kult-„Tatort"-Star der 1980er-Jahre (gespielt von Götz George) haben die Stadtväter sogar eine Straße benannt: die Horst-Schimanski-Gasse im Hafenviertel Ruhrort.

Tatort Duisburg

In Xanten (Seite 68) taucht man ein ins antike Rom, in Hamm (Seite 72) in exotische indische Götterwelten und in Dortmund mag Deutschlands größtes Stadion, der Signal Iduna Park für 81.000 Zuschauer, für so manchen Fan von Interesse sein.

Essen bietet dagegen Industriekultur, wie es sie kaum anders auf der Welt gibt. Der Besucher staunt nicht schlecht: Einst war die Zeche Zollverein die größte und modernste Steinkohleförderanlage weltweit. Nach ihrer Schließung 1986 wurde sie unter Denkmalschutz gestellt sowie 2001 zum Weltkulturerbe der Menschheit ernannt.

Die Zeche Zollverein

Warum im Pott im Kettenhotel nächtigen, wenn man doch auch mal im Privatzimmer in Zechensiedlungen wie Katernberg oder Stoppenberg wohnen kann? Authentische Architektur, die besondere Geschichte und ungeschminkter Ruhrpott-Charme machen das Übernachten im Schatten der Fördertürme zum Erlebnis. Wer doch lieber ins Hotel geht, kann sogar direkt auf der Zeche nächtigen: im günstigen Designhotel Hotelfriends. „Es vermittelt für mich eine Aufbruchsstimmung in der Region, ist ein Zukunftsstandort. Mehr Wandel als hier geht nicht", sagt Hoteldirektor Haakon Herbst.

Wunderwerk Schwebebahn ...

... und Kölner Dom

Nach einer Fahrt mit der Wuppertaler Schwebebahn – „one of the World's coolest Rail Systems" (CNN) – muss ein Stopp am Kölner Dom sein: ein bewegendes Weltkulturerbe! 1248 begonnen und erst 1880 vollendet, wird die gotische Kathedrale nicht nur als eine der größten, sondern wegen der ausgewogenen Bauform von Kunsthistorikern sogar als vollkommene Kathedrale bezeichnet.

Ganz anders Bonn: In der ehemaligen Bundeshauptstadt kann man den Weg der Demokratie gehen und sich an beschilderten Stationen zeithistorischen Orten mit politischer Bedeutung im ehemaligen Regierungsviertel nähern.

Nur 40 Minuten später wechselt man von Nordrhein-Westfalen nach Rheinland-Pfalz, vom Westen in den Südwesten nach Andernach. Der weitere Verlauf der Grand-Tour führt später in die Vulkaneifel. Und wer dort Geysire wie in Island vermisst, der wird in der mehr als 2000 Jahre alten Stadt fündig: Der höchste Kaltwassergeysir der Erde stößt etwa alle zwei Stunden seine Fontäne bis zu 60 Meter hoch in den Himmel.

Geysir in Andernach

Zwischen Koblenz und Bingen erfährt man das Mittelrheintal (Seite 76), ob links- oder rechtsrheinisch mit dem Auto oder auf einem der weißen Personendampfer. In Koblenz ein Muss: das Deutsche Eck, wo Vater Rhein auf Mutter Mosel trifft.

Das Deutsche Eck

Über Cochem mit dem ominösen Bundesbankbunker (Seite 80) führt der Weg noch zum Nürburgring: Rund 25 Kilometer lang, ausgestattet mit schwierigen Links- und Rechtskurven sowie ausgelegt für bis zu 300.000 Zuschauer. Der Nürburgring gilt als eine der attraktivsten Rennstrecken weltweit. „Grüne Hölle" taufte sie einst Formel-1-Pilot Jackie Stewart. Man kann sie sogar mit dem eigenen Auto oder Motorrad befahren, doch eine gemütliche Weiterfahrt

Auf dem Nürburgring

durch die Vulkaneifel (Seite 84) zur Saarschleife (Seite 88) erscheint im Rahmen der Grand-Tour durch den Westen und Südwesten schlicht angemessener.

INFO

neanderthal.de
hafenrundfahrt-duisburg.de
signal-iduna-park.de
zollverein.de (mit Infos zum Hotel)
zollverein-touristik.de (mit Infos für
Privatunterkünfte)

schwebebahn.de
koelner-dom.de
bonn.de
geysir-andernach.de
nuerburgring.de

11. DÜSSELDORF – TOKIO

Ein Onsen heilt alles ...

... nur die Liebe nicht. Beim Besuch in Little Tokyo in Düsseldorf geht ein Deutscher vielleicht zum ersten Mal in seinem Leben in einen japanischen Tempel, wundert sich über jede Menge japanischer Schriftzeichen und Namen, aber auch über japanische Sehnsüchte, dicke Haare oder sensible Nudeln. Einem Japaner fehlt in Little Tokyo, der größten japanischen Gemeinde in Europa, eigentlich nur ein Onsen.

Nudelmacher Takayuki Miyashita ...

... und Friseur Yaeko Nagasawa

„Essen Sie doch bitte rasch! Unsere Nudeln sind so sensibel ...", sagt Soba-An-Inhaber Takayuki Miyashita. „Warme Soba-Nudeln dürfen nicht kalt werden. Sie verlieren ihren Geschmack!" Wobei Soba nicht irgendwelche Nudeln sind, sondern handgemacht aus Buchweizen von der nordjapanischen Insel Hokkaido und eine geliebte Spezialität in Japan. „Natürlich kommt auch mein Buchweizen aus Hokkaido. 70 Prozent unserer Kunden sind Japaner, die nur wegen der Nudeln zu mir kommen", sagt der Koch, der sich sicher ist, dass man „nirgendwo außerhalb Japans so gut Japanisch essen kann wie in Düsseldorf".

Auf den ersten Blick sieht es in Little Tokyo aus wie in einer normalen deutschen Stadt. Die Immermannstraße ist nicht die Ginza. Es drängeln keine Menschenmassen, die es schaffen trotz aller Enge ohne Kontakt geschmeidig aneinander vorbeizugleiten. Es ist sauber, wenn gleich nicht so klinisch rein wie auf den Straßen in Japan. Und es gibt weder Tempel, Schreine noch Shinto-Torii, die meist roten, typischen japanischen Eingangstore. Doch der zweite Blick verrät: Little Tokyo ist ein Viertel mit viel japanischem Alltag, erkennbar an den Schriftzeichen am Klingelschild, im Supermarkt oder Handy-shop. Es gibt japanische Ärzte oder Apotheken mit japanischen Mitarbeitern. Die Metzgereien bieten für das Gericht Shabu Shabu geeignetes und zurecht geschnittenes Fleisch an. Und Yaeko Nagasawa ist Chef von einem der sieben japanischen Friseursalons in Düsseldorf. „Deutsche Friseure können das Haar von Japanern nicht richtig schneiden", sagt Yaeko. „Unsere Haare sind viel zu dick. Deshalb kommen Japanerinnen nur zu uns japanischen Friseuren."

Für die gut 8000 Japaner in Düsseldorf ist also bestens gesorgt: Sie bilden die größte japanische Gemeinde in Europa, arbeiten für die knapp 400 in der Hauptstadt Nordrhein-Westfalens ansässigen japanischen Firmen und bleiben drei bis fünf Jahre an Düssel und Rhein, meist gut bezahlte Spezialisten und Führungskräfte sowie deren Familien. Düsseldorf ist das wichtigste Zentrum japanischer Wirtschaftsaktivitäten in Europa: 23.000 Arbeitsplätze wurden geschaffen, 33 Milliarden Euro Umsatz werden pro Jahr gemacht.

Kinderkram mit Kulleraugen

Davon ist die japanische Buchhandlung Takagi weit entfernt, aber vier große Kartons sind gerade angeliefert worden, die der Besitzer kurz kommentiert: Bücher in japanischer Sprache – „alles Bestellungen" –, Kugelschreiber – „kein Japaner schreibt mit einem Kuli mit Werbeaufdruck" –, ein „Yu-Gi-Oh" – „das japanische Monopoly" – und Mangas: „Sie sorgen dafür, dass wir viel Kundschaft haben", sagt Stefan Böhm, der mit seiner japanischen Frau Yurie Takagi den von ihren Eltern 1972 gegründeten Laden betreibt. „Für die meisten Deutschen sind Mangas nur Kinderkram mit Kulleraugen", meint Stefan, wobei Manga übersetzt eigentlich nur Comic heißt ...

„Heute", sagt die Empfangsdame des Hotel Nikko in der Immermannstraße und eine von 29 japanischen Angestellten, „haben wir ein Drittel japanische Gäste, die, wenn sie bei uns logieren, gerne Rührei mit Speck und Schwarzbrot mit Schinken zum Frühstück essen." Aber natürlich bietet das Vier-Sterne-Hotel auch Miso-Suppe, Fisch und Algen, an die sich auch einige deutsche Gäste wagen. In den Tatami-Räumen des Hotels treffen sich aber fast ausschließlich Japaner, die ohne Schuhe, bei gelockerter Krawatte und jeder Menge Sake auch mal ihre scheinbar angeborene Zurückhaltung vergessen. Das Personal kennt die Feierlaune in den komplett mit Reisstrohmatten, den Tatami, ausgelegten Räumen aus der Heimat: Alle Mitarbeiter sind nicht nur Japaner, sondern wurden ausschließlich in Japan angeworben.

Das Nikko-Hotel ist gleichsam der japanische Mittelpunkt auf der Immermannstraße. Im Umkreis von 200 Metern finden sich ein japanisches Reisebüro, ein japanischer Supermarkt, ein Massagesalon, ein japanischer Tee-, Porzellan-, Foto-, der erwähnte Buchladen sowie drei japanische Restaurants.

Louis Kniffler hat das alles einst nicht ahnen können. Als 32-jähriger Kaufmann eröffnete er in Dejima das erste deutsche Handelshaus in Japan. Dejima war im 19. Jahrhundert eine Enklave für den Handel mit dem Ausland, eine vom japanischen Alltag abgeschottete Insel vor Nagasaki. Kniffler wurde preußischer

Geisha Ikuko

Konsul in Japan und gründete 1865 die erste Niederlassung eines japanischen Handelshauses in Deutschland: in der Goltsteinstraße 17 in Düsseldorf.

Nach dem Zweiten Weltkrieg erinnerte man sich in Japan an diese Anfänge und an die zentrale Lage Düsseldorfs an Rhein und Ruhr, denn Japan benötigte Stahl, und Mitsubishi sowie weitere Großkonzerne siedelten ihre europäischen Headquarters in Düsseldorf an. Mittlerweile ist die NRW-Landeshauptstadt nach New York der zweitgrößte japanische Wirtschaftsstandort außerhalb Japans. Sogar das japanische Kaiserpaar Akihito und Michiko besuchte schon Düsseldorf und auch Tokios berühmteste und rangälteste Geisha Ikuko gab sich die Ehre.

Viele Düsseldorf-Japaner reisen zweimal pro Jahr in die Heimat zum Familienbesuch. „Aber dafür brauchen uns die Leute nicht", sagt Mina Araghi, japanische Inhaberin des Reisebüros Fuji-Rhein-Travel. Sie zeigt auf Bilder und Angebote von der Romantischen Straße, von Rothenburg und Rüdesheim, den Mittelrheinburgen, dem Kölner Dom und natürlich Neuschwanstein. „Ja", sagt Mina, „wir Japaner lieben die deutsche Romantik! Und natürlich das Münchner Hofbräuhaus. Da wollen meine Kunden hin. Die Karibik oder Kanaren interessieren sie nicht." Mina weiß wovon sie spricht: Seit 20 Jahren verkauft sie deutsche Reiseromantik an japanische Sehnsüchte.

Auch im Stadtteil Niederkassel gibt es japanische Sehnsüchte. Marc Nottelmann-Feil, der in Japan buddhistischer Priester wurde, ist einer von fünf Priestern, die für das Ekō-Haus in Düsseldorf tätig sind. Dazu gehören der einzige japanische Tempel in Europa, mit einem stehenden Buddha aus dem 19. Jahrhundert, und der japanische Garten, inklusive Kirschbäume und -blüte im April und Mai.

Japanischer Tempel in Düsseldorf

„Zum Sommerfest kommt fast die ganze japanische Gemeinde. Da wird getrommelt und getanzt. Während zum Japan-Tag beinahe alle in Manga-Kostümen erscheinen." Silvester ist die Atmosphäre ruhig, mit Fackeln statt Feuerwerk. „Ein Onsen ist eigentlich das einzige, was den Japanern wirklich fehlt in Deutschland", sagt Marc. Denn ein Onsen kann alles heilen, nur die Liebe nicht ...

INFO

Düsseldorf, Nordrhein-Westfalen – 619.000 Einwohner

Einkaufen:
- Kyoto: Porzellan, Lampions in Kugelfischform, Glücksbringer; Immermannstraße 26, 40210 Düsseldorf, *kyoto-japan.de*

Restaurants:
- Benkay: der einzige Teppanyaki-Grill in Düsseldorf, die Gerichte werden vor den Gästen auf der Stahlplatte zubereitet; Hauptgerichte 30 bis 50 EUR, Menüs ab 75 EUR; Immermannstraße 41, 40210 Düsseldorf, Tel. 0211 8340, *benkay-restaurant.de*
- Soba-An: Soba-Nudeln aus Hokkaido; ab 9 EUR, Hauptgerichte bis 17 EUR; Klosterstraße 68, 40211 Düsseldorf, Tel. 0211 36777575, *soba-an.de*

Unterkunft:
- Nikko: vier Sterne, viele japanische Gäste, japanisches Frühstück, japanische Massagen; DZ ab 150 EUR; Immermannstraße 41, 40210 Düsseldorf, Tel. 0211 8340, *nikko-hotel.de*

Veranstaltungen: Japan-Tag im Mai, japanisches Silvester im Ekō-Haus

Website: *duesseldorf-tourismus.de*

12. XANTEN – ROM

Stadt mit X

Kaiser Traian verlieh dem Lager Colonia Ulpia Traiana um 100 n. Chr. den Rang einer Stadt. Im Archäologischen Park Xanten wird an diese Stadt, das römische Leben, die Kultur und Geschichte erinnert. Zum teilweisen Wiederaufbau der 275 zerstörten Colonia Ulpia Traiana kommen auch einige erhaltene Überreste. Xanten ist die einzige Stadt in Deutschland, die mit dem Buchstaben X beginnt.

Statt in die Wellnessanlage ging man ins Bad. Die Beamten in der Verwaltung waren noch keine Controller. Und die Stadtmauer schützte die rechtwinklig angelegten Straßen – schon damals mit Kanalisation –, Forum, Tempel, Thermen und Amphitheater. Auf 900 mal 900 Metern gab es alles, was eine Stadt aus-

Xanten und der Dom

Am Hafentempel

machte, plus außerhalb des Stadtgebiets den Rheinhafen. Zur Veranschaulichung dessen baute man im LVR-Archäologischer Park Xanten, so der offizielle Name, einige Modelle in Originalgröße, rekonstruierte Bauten, ließ aber auch einige Reste der römischen Anlage in dem Zustand, wie man sie nach Ausgrabungen vorfand. Diese finden auch weiterhin das ganze Jahr über statt. Blickfang sind das rekonstruierte Amphitheater, einst Schauplatz grausamer Spektakel, der Hafentempel, dessen Größe und Schönheit ein Stück Rom in der Fremde darstellte, die mächtige Stadtmauer sowie das auf den Grundmauern der antiken Eingangshalle errichtete RömerMuseum.

Das RömerMuseum

Das Amphitheater

Im 1. Jahrhundert v. Chr. geriet der Niederrhein ins Blickfeld der Römer. Es war die Zeit, als ihr Reich so groß wie nie war und von Spanien bis Syrien sowie von Afrika bis Britannien reichte. Aus einem der Militärlager am Niederrhein wurde eine Siedlung, die um 100 n. Chr. von Kaiser Traian den Rang einer Stadt verliehen bekam: Colonia Ulpia Traiana – nur 150 Städte durften sich Colonia nennen! – hatte bis zu 10.000 Einwohner. Das Fassungsvermögen des Amphitheaters entsprach mit rund 10.000 Plätzen in etwa der Einwohnerzahl der Colonia. Öffentliche Großveranstaltungen wie die Kämpfe und Wagenrennen waren die mit Abstand populärste Unterhaltung für große Teile der Bevölkerung. Die Amphitheater in Rom und den Provinzen waren regelmäßig bis auf den letzten Platz gefüllt, wenn Menschen und Tiere in der Arena auf Leben und Tod kämpften.

Parade beim Römerfest

Die Geschichte des heutigen Xanten beginnt erst im 8. Jahrhundert mit der Gründung eines Stifts zu Ehren des römischen Märtyrers Victor. Über dem Grab des Heiligen wurden zunächst eine Kapelle, dann eine Kirche und schließlich der Dom gebaut. Die Stadt lag also „ad Sanctos", lateinisch für „bei den Heiligen". Im Nibelungenlied wird Santen als angeblicher Geburtsort des Helden Siegfried erwähnt. 1228 erhielt Xanten dann seine Stadtrechte.

Das Gebiet der Colonia Ulpia Traiana bekam keine Überbauung mehr. 1977 wurde der Archäologische Park eröffnet, der inzwischen unter Denkmalschutz steht. Alle zwei Jahre findet im Park ein spektakuläres römisches Fest statt. „Schwerter, Brot und Spiele" lautet das Motto. Zu sehen sind Legionäre, Architekten, Händler, Kaufleute, Schuster, Schmiede, Köche, Weberinnen, Filzer, Schreiber, Gaukler, Musiker, Ringer und Gladiatoren. Sie werden von mehr als 300 Darstellern verkörpert und lassen die Römerzeit in authentischer Umgebung wieder lebendig werden. Das nächste Fest findet wieder 2022 statt. An den römischen Wochenenden kann man dagegen regelmäßig teilnehmen.

Römisches Wochenende

Schmied bei der Arbeit

INFO

Xanten, Nordrhein-Westfalen – 22.000 Einwohner

Aktivitäten:
• Römische Wochenenden, kostenlose Führungen zu den Ausgrabungen, *apx.lvr.de*

Museum: *apx.lvr.de/de/lvr_roemermuseum/lvr_roemermuseum.html*

Website: *xanten.de*

13. HAMM – KANCHIPURAM

Fast wie am Ganges

Hamm in Westfalen kennt in Indien kein Mensch. Kanchipuram im südindischen Bundesstaat Tamil Nadu kennt niemand in Deutschland. Und doch verbindet die beiden Städte eine ungewöhnliche Geschichte. Sie hat mit dem Hindu-Priester Arumugam Paskaran und dem größten Hindu-Tempel Kontinentaleuropas zu tun. Ein Besuch im Industriegebiet von Hamm-Uentrop.

Im roten Sari und mit Girlanden geschmückt blickt Tempelgöttin Sri Kamadchi Ampal nach Osten zur aufgehenden Sonne. Auf dem Boden hockend beten Frauen in kunterbunten Saris, ihre Kinder, Männer – und Sunil. Er ist 27 Jahre alt, Hindu, Tamile mit deutschem Pass und arbeitet in der IT-Branche. Zweimal pro Woche geht er in den Tempel. Er faltet seine Hände mit den Fingerspitzen nach oben vor dem Gesicht und erweist Kamadchi Ampal und anderen Göttern Respekt, Dank und Hingabe. Was er sich wünscht, wissen wir nicht. Aber alle Hindus wissen, dass die Tempelgöttin Sri Kamadchi Ampal Wünsche von den Augen ablesen kann …

Der Tempel von Hamm …

... und Göttin Kamadchi Ampal

Bergbau noch bis 2010, Stahl, Chemie: Hamm ist keine aufregende Stadt. Aber in Hamm kann man ein authentisches Stück Indien erleben. Im Industriegebiet von Hamm-Uentrop steht der größte Hindu-Tempel Kontinentaleuropas: Grundflä-che 27 mal 27 Meter, mit einem 17 Meter hohen Gopuram, dem Eingangsturm. Wie der nach Hamm kam? „Es war Gottes Wille", sagt Hindu-Priester Arumu-gam Paskaran. Auf der Flucht vor dem Bürgerkrieg in Sri Lanka führte ihn eine Odyssee über Moskau und Berlin Richtung Paris. „Während der Zugfahrt hatte ich plötzlich großen Hunger und ich stieg einfach aus", erzählt der Mann mit dem langen weißen Bart. „So kam ich nach Hamm. Und ich blieb."

Noch im gleichen Jahr, 1989, baute sich Paskaran einen Schrein in seine Woh-nung. Drei Jahre später folgte ein kleiner Tempel, 2002 der jetzige große. Architekt war der Deutsche Heinz-Rainer Eichhorst aus Hamm, der keinerlei Erfahrung im Bau von hinduistischen Tempeln hatte. Doch während eines mehrwöchigen Aufenthaltes in Südindien ließ sich Eichhorst über die religiösen Vorschriften für Tempelbauten unterrichten. Der Kanchi-Kamadchi-Tempel im südindischen Kanchipuram wurde die Vorlage. Die Stadt Hamm stellte das Grundstück zur Verfügung, und die Baukosten in Höhe von gut 1,5 Millionen Euro sammelte Paskaran durch Spenden und Darlehen ein. 20.000 Hindus aus ganz Europa fei-erten 13 Stunden lang die Einweihung des Sri-Kamadchi-Ampal-Tempels: „Die

Priester Arumugam Paskaran

hinduistische Bevölkerung hatte nun einen Zufluchtsort", sagt der 57-jährige Priester, den sie als ihren Guru, ihren Lehrer, achten. Immerhin 45.000 Hindus leben in Deutschland.

Für viele westliche Betrachter wirkt der Hinduismus mit seinen Skulpturen, Mythologien und unzähligen Hindu-Gottheiten wie eine Mischung aus Religion, Kult und Fantasy. Allein im Tempel von Hamm findet man 200 Gottheiten. Im Hinduismus gibt es keinen einheitlichen Religionsstifter, kein gemeinsames Glaubensbekenntnis, keine zentrale religiöse Institution. „Der Tempel ist für alle Menschen geöffnet. Jeder kann seine Sorgen spirituell mit den Göttern besprechen", sagt Paskaran. Nur sollte man im Tempel respektvoll gekleidet sein,

Rituelle Waschungen im Kanal ...

keine Leder- oder andere von Tieren stammende Kleidung tragen, nicht essen und trinken, sich ruhig verhalten, barfuß oder auf Socken gehen.

Der Duft von Räucherstäbchen liegt in der Luft: Eine der drei täglichen Zeremonien ist im Gange, sehr anmutig trotz der ohrenbetäubenden Trommeln. Für Waschungen geht es 300 Meter weiter unter eine triste dunkle Brücke am Datteln-Hamm-Kanal – mit wenig einladendem Wasser. „Der Kanal ist unser Ganges-Ersatz. Wir glauben, dass Flüsse und Seen von Gott kommen", sagt der Priester und ergänzt: „Mich stört es nicht, dass unser Tempel mitten in einem Industriegebiet liegt. Unsere Zeremonien sind oft laut, mit viel Musik, und in einem Industriegebiet fühlt sich dadurch niemand beeinträchtigt."

Beim jährlichen, zwei Wochen dauernden Tempelfest kommen 15.000 Menschen: Es ist das größte Hindu-Fest in Deutschland. Bei ekstatischen Tänzen und Kasteiungen stechen sich manche gläubigen Männer Spieße, Haken und Nägel in Mund, Wangen oder Rücken. Rituale, die Paskaran duldet, aber nicht fördert

... und Kasteiungen beim Tempelfest

oder gar fordert. „Die Kasteiungen sind Sache der Gläubigen. Man opfert sich der Göttin und bittet durch Kasteiung um Hilfe für die Lösung eines Problems." Blut fließt nicht, weil die Gläubigen unter dem Schutz der Göttin stehen und von einem Zeremonien-Meister begleitet werden, „der die Techniken für die Einstechungen kennt und die Gläubigen mental auf ihre Strapaze einstimmt", so der Priester. Die in der tamilischen Tradition oft stattfindenden Tieropfer werden nicht geduldet. Trotzdem wird der Tempel von Hamm als das Zentrum des Hinduismus im Exil angesehen. Und Göttin Sri Kamadchi Ampal hält schützend ihre Hand über Hamm, Tempel, Kanal – und Sunil.

INFO

Hamm, Nordrhein-Westfalen – 179.000 Einwohner

Veranstaltungen:
- Tempelführungen mit dem Architekten, *eichhorst@eichhorst-schade.de*
- Tempelfest im Juni, *hinduistische-gemeinde-deutschland.de*

Website: *hamm.de*

---

14. OBERES MITTELRHEINTAL – LOIRETAL

Ewig lockt die Jungfrau

Seit 2002 gehört das Obere Mittelrheintal, jene 65 Kilometer von Bingen bis Koblenz, zum Weltkulturerbe der UNESCO. Nur zwei Jahre zuvor erhielt das Ensemble der Schlösser der Loire diese Auszeichnung. Rund 40 Burgen am Rhein, knapp zehnmal mehr Schlösser an der Loire und die Gemeinsamkeit zweier einzigartigen Flusslandschaften, wo Riesling und Silvaner hier und Sancerre oder Pouilly-Fumé dort gedeihen.

Barbusige Loreley am Rhein-Ufer

St. Goar mit Burg Rheinfels

Schlösser, Burgen und Weltkultur, Ritter-, Rhein- und Wein-Romantik geben dem Flusslauf seinen Reiz. Der Rhein befördert Lastkähne und Personenschiffe. An seinen Hängen wachsen Riesling-Reben und über den Weinbergen wachen Stolzenfels und Drachenfels sowie Katz und Maus. Am Wasser räkelt sich die junge Loreley-Skulptur. Sechs Meter groß mit wohlgeformtem Busen und Haaren, die den Po bedecken. Es hätte unzüchtiger kommen können: Pläne, eine Frau zu bezahlen, die sich in der Hochsaison nackt ans Ufer bei St. Goarshausen hätte setzen sollen, blieben jedoch in der Schublade.

Berühmt wurde der 132 Meter hohe Loreley-Felsen, um den der Rhein respektvoll eine Kurve macht, durch die Sage von der Jungfrau Loreley, die mit ihrem Gesang vorüberfahrende Schiffer und ihre Kähne ins Verderben lockte. Rheindampfer lassen heute das Loreley-Lied „Ich weiß nicht, was soll es bedeuten" von Heinrich Heine erklingen. Von oben, nahe der alten, keine zwei Meter großen Loreley-Figur, hat man einen wunderbaren Blick auf den dort nur 113 Meter breiten Rhein.

Der Loreley-Felsen

Kaub mit Burg Kaub

„38 Burgen sehen wir von Stromkilometer 500 bei Bingen auf 65 Flusskilometern bis Koblenz", sagt Bianka Rössler über Lautsprecher. Die Kapitänin der „Rhein Star" erklärt selbst „den großen deutschen Strom, die Wasserscheide zwischen Germanen und Römern", ab dem Mäuseturm bei Bingen. Fast im gleichmäßigen Wechsel zwischen Ost- und Westufer von Zollburg zu Zollburg und Ruine zu Ruine wechseln sich die Burgen ab. Sie heißen Rheinstein und Rheinfels, Die Pfalz und Pfalzgrafenstein, Stahleck und Kaub oder Katz und Maus. Wobei Burg Maus eigentlich Burg Thurnberg hieß und nur von den Besitzern der später gebauten und mächtigeren Burg Katz(elnbogen) spöttisch die Maus genannt wurde. Alle Burgen sind wiederaufgebaute Zeugen des 19. Jahrhunderts und stammen nicht aus der Ritterzeit. Nirgendwo auf

Felseninsel Burg Pfalzgrafenstein

der Welt gibt es auf einer so kurzen Strecke so viele historische Burgen. „Die von Menschenhand geschaffene Gestaltung der Landschaft", war der Hauptgrund, warum sie zum Weltkulturerbe wurde, was auch für das eher liebliche Loiretal, seine filigranen Schlösser und die herrlichen Weinberge gilt.

Burg Katz(elnbogen)

Berühmte französische Dichter wurden davon inspiriert. Molière, als er „Der Bürger als Edelmann" schrieb, und Madame de Staël, die auf Schloss Chaumont einen Literatur-Salon unterhielt. Auf deutscher Seite beschrieb Clemens Brentano das „Rheinmärchen" und Johann Wolfgang von Goethe verfasste die „Reise an den Rhein, Main und Neckar". Auch das bekannteste

Fachwerk in Bacherach

deutsche Heldenepos, das „Nibelungenlied", ist untrennbar mit dem Rheintal verbunden, ebenso wie der Gesang der Loreley. Und nicht zu vergessen, der erste je geschriebene Reiseführer war ein „Baedeker": die „Rheinreise" von 1832.

INFO

Mittelrheintal; Rheinland-Pfalz und Hessen

Aktivitäten: Rheinschifffahrten, *roesslerlinie.de*

Unterkunft:
- Schloss Rheinfels: vier Sterne über dem Rhein mit Loreley-Blick, Restaurant, Spa; DZ ab 170 EUR; Schlossberg 47, 56329 St. Goar, Tel. 06741 8020, *schloss-rheinfels.de*

Website: *welterbe-mittelrheintal.de*

15. COCHEM – FORT KNOX

Die Bunker-Story

Der beliebteste Weinort an der Mosel ist beschaulich. Seine Reichsburg verwandelte sich für die ARD-Produktion „Die Sterntaler" telegen in ein Königsschloss. Aber kaum einer weiß, dass in Cochem über zwei Jahrzehnte deutsche Währungsgeschichte geschrieben wurde. Eine Notstandsserie im Wert von 15 Milliarden D-Mark lagerte streng geheim im dortigen Bundesbank-Bunker tief unter der Erde.

„USA versus Sowjetunion, Bundesrepublik Deutschland versus DDR. Ost gegen West. Das war die damalige Situation", erklärt Peter Peifer gleich zu Anfang seiner Bunkerbegehung. Pause. „Es herrschte der Kalte Krieg damals …" Pfei-

Beschauliches Cochem ...

fer blickt ernst, ehe er lächelnd kurz das Thema wechselt: „Apropos kalt: Im Bunker ist es immer kühl. Zwölf Grad, das ganze Jahr."

Pfeifer ist einer von zwölf Gästeführern für den Bundesbank-Bunker, der zwischen 1966 und 1988 das vielleicht bestgehütete Geheimnis der BRD war. 1966 sang Freddy Quinn „Hundert Mann und ein Befehl",

Deutschland verlor mit Uwe Seeler im Finale von Wembley, der fast vergessene Kurt Georg Kiesinger wurde gerade Bundeskanzler und in Cochem fuhren dunkle Fahrzeuge aus Frankfurt vor. Die drei Schlüssel und die Kombination für das Zahlenschloss zum Tresor hatten schließlich nur die Prüfer in der Bundesbankzentrale in Frankfurt, die in unregelmäßigen Abständen nach Cochem kamen. Vermerkt wurde dann zum Beispiel: „4. Dezember 1966, 100 Säcke à 20.000 DM neu aufgenommen."

Peter Pfeifer erzählt die Bunker-Story wie einen Agententhriller. Schon zu Bundesbankzeiten war er Hausmeister und kennt jeden Winkel der unterirdischen Festung. Also nimmt er seine Gäste mit in den 80 Meter langen Zugangstunnel zum Herzstück der Bunkeranlage und auf Zeitreise zurück in die Jahre des Kalten Krieges und die damals kursierende Angst vor einem atomaren Angriff: „Die Aufgabe des Bunkers war, eine geheime und technisch gut gesicherte Lagerstätte für eine Notstandswährung zu sein, damit die Politik im absoluten Krisenfall sofort hätte agieren können." Petra Reuter, die Inhaberin und Betreiberin des Bunkers, fügt

... und der Bundesbank-Bunker

hinzu: „Die geheime und bis heute kaum bekannte Notstandsserie sollte helfen, zum Beispiel eine nationale Krise im Kalten Krieg, etwa ausgelöst durch eine Hyperinflation sprich Falschgeldschwemme aus dem Osten, zu bewältigen. Die Deutschen hatten das im Zweiten Weltkrieg vorgemacht, indem sie englische Pfundnoten brillant gefälscht hatten: später bekannt geworden als ‚Unternehmen Bernhard'."

Deutsche Ersatzwährung? Kalter Krieg? Krisenfall? Klingt wie aus der Zeit gefallen, doch ab 1966 war die Bunkeranlage in Cochem tatsächlich die Lagerstätte der Notstandswährung im Wert von 15 Milliarden D-Mark. Ihr Name: BBkII – Bundesbank, II. Serie. „An der Bunkerkasse können Sie BBkII-Geldscheinsets als

Peter Pfeifer mit Besuchern

Faksimile erwerben", sagt Pfeifer nebenbei. „7,50 Euro für vier Scheine zu zehn, 20, 50 und 100 DM ist doch ein guter Deal, oder?"

Offiziell war der Bunker durch zwei Tarnhäuser gedeckt, die bis 1994 als Schulungs- und Erholungszentrum für Bundesbankmitarbeiter fungierten. An sonnigen Tagen ließen sie es sich am Außenpool bei einem Fläschchen Moselwein auch mal gut gehen und bewachten trotzdem die Anlage, ohne es zu wissen. Pool und biedere Außenfassade waren Tarnung und lenkten perfekt ab, während im Bunkerinnern empfindliche Alarmsensoren wachten. Der Bunker selbst war allen im Ort nur als Luftschutzbunker geläufig.

„Die Ersatzwährung sollte in jedem Fall dafür sorgen, dass das Vertrauen in die Mark und in die Volkswirtschaft nicht verloren gegangen wäre." Pfeifer bleibt kurz stehen: „Auch die Angst vor Viren und Bakterien auf Geldscheinen war

Die Ersatzwährung BBkII

ein Grund zur Bereithaltung der Ersatzserie." Corona lässt grüßen … Die Bundesbank als oberste Währungshüterin musste jedenfalls für all das Sorge tragen.

Pro Jahr kommen rund 35.000 Besucher, um die weltweit einmalige Bunker- und Tresoranlage zu erleben. In 35 bis 40 Minuten werden die Gäste durch die Unterwelten des ehemaligen Milliardenreichs geführt. Schwere Stahltresortüren öffnen sich. Die Panzertür zum Haupttresor besteht sogar aus acht Tonnen Stahlbeton. Peter Pfeifer schmunzelt: Mit nur einem Finger öffnet er die schwere Tresortür – „geradezu kinderleicht! Man muss ja nur den Code kennen …" Dann ist es soweit: Sauber gestapelt und hübsch präsentiert liegen die BBkII-Kopien im Bunkerschatz – fast so wie einst die echten Ersatzserien. „15 Milliarden ist eine Zahl, die leicht gesagt, doch in der Vorstellung schwer nachvollziehbar ist. Die ungeheure Menge lässt sich erst in diesem 60 Meter langen Haupttresor erahnen, wo das Geld bis zur Decke gestapelt war!", erklärt Petra Reuter und zeigt einen der Ersatz-Hunderter-Scheine.

Auch wenn vielen die Ersatzserie intuitiv bekannt vorkommt: Denkmäler, wie auf der D-Mark zum Beispiel das Lübecker Tor, sucht man auf diesen Geldscheinen vergeblich. Geometrische Formen bestimmen die Optik der Rückseite. Während die Vorderseite bewusst ähnlich in Motiv und Farbe, sprich äußerst vertrauensfördernd zur D-Mark, gestaltet wurde.

„Der Plan war, im Ernstfall innerhalb von 14 Tagen die aktuelle D-Mark durch die Ersatzserie zu tauschen. Der Bunker war zugleich ein Atomschutzbunker, in dem das Überleben weitaus länger möglich gewesen wäre: Mit dem Wasservorrat von 40.000 Litern, einem Tiefbrunnen, gebunkerten Speisevorräten, Dieseltanks, Kommunikations-, Strom- und Lüftungstechnik hätten es sogar Monate sein können", sagt der Bunkerführer. Monate, in denen bis zu 175 Personen, autark und komplett von der Außenwelt abgeschnitten, hätten überleben können. Betten gab es allerdings nur für die Banker und selbst die hätten in Schichten schlafen müssen.

Die Standortwahl fiel bewusst strategisch und logistisch auf den beschaulichen Weinort, da das Moseltal erstens einen sehr guten Schutz beispielsweise vor einer atomaren Druckwelle bietet. Zweitens lag der Bunker in einer gut kontrollierbaren Sackgasse, die jederzeit leicht abgeriegelt werden konnte. „Selbst die direkten Nachbarn ahnten nichts von der gewaltigen unterirdischen Tresoranlage und einer 15 Milliarden schweren Notwährung darin. Alle dachten, es sei ein normaler Luftschutzbunker", sagt Petra Reuter. Anfang der 1960er-Jahre war ein Luftschutzbunker ja nichts Ungewöhnliches. „Erst nach und nach, als Laster unter Polizeischutz anrollten, gab es Gerüchte, dass dort etwas Wertvolles, vielleicht sogar Gold, gelagert werde. So munkelte man, der Cochemer Bunker sei ein unbekanntes deutsches Fort Knox – tief unter der Erde von Rheinland-Pfalz." Sogar der Stasi blieb die Anlage – wie man heute weiß – als Geldspeicher unbekannt.

Im Tresorraum

1988 wurden alle BBkII-Scheine von der Bundesbank abtransportiert und nahe Frankfurt geschreddert. In die seit 2011 denkmalgeschützten Tarnhäuser ist das stylische Hotel Vintage eingezogen; den Verbindungstunnel zum Bunker gibt es bis heute. Und seit 2016, nach 15 Monaten Renovierung, Restaurierung und Recherche, ist der Bundesbank-Bunker ein Museum und kann im Rahmen einer Führung besichtigt werden: „Ich hoffe, der Ausflug in den Kalten Krieg hat Ihnen gefallen", endet Peter Pfeifer. „Ja, sicher", antwortet ein Gast, „aber hoffentlich kommt dieser Kalte Krieg nie wieder ..."

INFO

Cochem, Rheinland-Pfalz – 5000 Einwohner

Museum: *bundesbank-bunker.de*

Unterkunft:
- Hotel Vintage: Zum Bunker-Anwesen (und den gleichen Besitzern) gehört das komplett renovierte Drei-Sterne-Hotel, außen im Charme der 1960er-Jahre, innen top-stylisch; DZ ab 85 EUR; Brauselaystraße 5-7, 56812 Cochem, Tel. 02671 5067080, *hotel-vintage.de*

Website: *cochem.de*

16. VULKANEIFEL – ISLAND

Ab in die Wildnis

Feuer, Wasser, Luft und Erde: Kaum ein Gebiet in Deutschland ist von den Elementen so geprägt wie die Vulkaneifel. Ihre Wildnis, die 400 Vulkane, Höhlen und Schluchten, die Kelten und Römer: Man weiß gar nicht, wo man anfangen soll zu erzählen. Die Vulkaneifel ist mehr als nur ein schönes Mittelgebirge. In Europa dürfte diesbezüglich nur Island mit seinen Geysiren und heißen Quellen abwechslungsreicher sein.

In der Teufelsschlucht

Sie ist schmal. Sehr schmal, um nicht eng zu sagen. Vor 12.000 Jahren kippte ein großer Sandsteinblock aus einer Wand und deshalb fühlt man sich jetzt beim Durchgehen durchaus beklemmt: Die 28 Meter tiefe Teufelsschlucht bei Ernzen fasziniert einfach jeden.

Eine Snowboarderin tanzt dagegen auf dem Vulkan über runde Bergkegel, die fein gepudert in sauberes Weiß getaucht sind. Die Vulkaneifel in Rheinland-Pfalz ist vielleicht das exotischste Wintersportgebiet in Deutschland: mit Kraterseen,

400 Vulkanen, darunter die Hohe Acht, mit 747 Metern der höchste Eifel-Vulkan und stattliche 40 Millionen Jahre alt.

Kelten und Römer hinterließen ihre Spuren und vielerorts sind Relikte bis in die Gegenwart erhalten geblieben. Der Keltenwall von Steineberg etwa, die Römische Villenanlage in Duppach, alte Stadtbefestigungen, begehbar wie in Hillesheim, die Manderscheider und weitere Burgen sind allesamt beeindruckende Zeugen der Zeitgeschichte. Doch in die Vulkaneifel fährt man der Natur wegen – wie nach Island auch. Die Dauner Maare – zwei nebeneinander liegende Seen – gelten als die Augen der Eifel und würden sogar das abgelegene isländische Austurland schmücken. In den Eishöhlen von Birresborn steigt die Temperatur selbst in Hitze-Sommern nicht

Vulkan Hohe Acht

Ein Auge der Eifel: Dauner Maar

Birresborner Eishöhlen

höher als sieben Grad. In der Wildnis treffen Wald und Wasser zusammen. Ja, Wildnis, denn die Natur darf sich im Nationalpark Eifel seit 2004 ohne menschliches Einwirken Territorium ungestört zurückerobern. Das Nationalpark-Motto lautet: „Natur Natur sein lassen". Das ermöglicht mehr als 2000 bedrohten Tier-

Rastplatz im Nationalpark

und Pflanzenarten, sich wieder auszubreiten. So finden seltene Tierarten wie Schwarzstorch, Uhu, Biber und Wildkatze im Nationalpark ihre Rückzugsorte. „Zu sehen bekommt man diese nicht immer, aber es lohnt sich, die Augen offenzuhalten", sagt Nationalpark-Ranger Sascha und legt den Finger auf den Mund: Ein Specht klopft eifrig. Am Boden spürt man das weiche Moos und der Duft von Waldmeister zieht in die Nase. „Legen Sie sich mal auf eine unserer Sinnesliegen!", schlägt Sascha vor. Augen zu und die Natur wirken lassen: herrlich!

Trotz der wunderbaren Naturerfahrungen sollte man wenigstens einmal auch indoor gehen: Ins Vulkanhaus von Strohn, wo alles rund um Lava und Magma erklärt wird und anfassen, ausprobieren, experimentieren erwünscht ist. Vulkanische Phänomene werden an Beispielen verdeutlicht, Experimente durchgeführt und begehbare Erlebnisräume bieten erstaunliche Eindrücke. Spektakuläre Großfotos aktiver Vulkane und ein erdgeschichtliches Denkmal von europaweiter Bedeutung runden das Angebot ab. Zu sehen ist die 12.000 Jahre alte, sechs Meter lange und vier Meter hohe Lavaspaltenwand, die 1992 in

Wanderweg Eifelsteig

Irreler Wasserfälle

einem Steinbruch gefunden wurde. Und zum Abschluss gibt es auch noch eine Lavabombe – in Süß, im angeschlossenen Café …

INFO

Vulkaneifel, Rheinland-Pfalz – 60.000 Einwohner

Aktivitäten: Ranger geführte Nationalparkwanderungen, *eifel.info/informationen/veranstaltungen/natur-fuehrungen*

Museum: *vulkanhaus-strohn.de*

Websites:
• *geopark-vulkaneifel.de*
• *nationalpark-eifel.de*

17. SAARSCHLEIFE – RIO ALAGÓN

Auf krummen Touren

Der Blick auf die Saarschleife ist einfach überwältigend und unvergesslich. Das wissen nicht nur Besucher, die meist für ein Erinnerungsfoto Platz nehmen, sondern auch Politiker, die sich hier gerne spektakulär in Szene setzen. Der beste Ort dafür ist der Aussichtspunkt Cloef oder der Baumwipfelpfad mit einer Szenerie, wie man sie sonst nur bei der spanischen Flussschleife des Rio Alagón findet.

Imposante Natur wird oft gerne so inszeniert, als ließe sich damit auch die Macht der Politik beflügeln. Bei der Saarschleife, dem Wahrzeichen des Saarlandes,

Wahrzeichen des Saarlandes: die Saarschleife

wird dies immer dann deutlich, wenn sich Politiker oder Staatsoberhäupter dort einfinden, um sich vor diesem fotogenen Hintergrund in Szene zu setzen. Bereits 1856 besuchte Friedrich Wilhelm IV., König von Preußen, den Aussichtspunkt Cloef mit Blick auf die Saarschleife. Adolf Hitler war 1939 an selber Stelle – eine damals angebrachte Gedenkplatte wurde später entfernt. Oskar Lafontaine und Gerhard Schröder ließen sich 1997 vor der Saarschleife fotografieren. Und 2006 fanden sich die früheren Präsidenten Frankreichs und Polens, Jacques Chirac und Lech Kaczyński, dort zu einem Dreiergipfel mit Bundeskanzlerin Angela Merkel ein.

Mit so prominenten Inszenierungen kann das Pendent der Saarschleife, die spanische Flussschleife des Rio Alagón an der Grenze von Extremadura und Kastilien, trotz eines atemraubenden Aussichtspunktes nicht aufwarten. Hingegen bietet an der Saar sogar eine aus Stein gemauerte Hütte 180 Meter über dem

Aussichtspunkt Cloef auch bei schlechtem Wetter Unterschlupf. Von hier aus kann man gut erkennen, wie die Orte Besseringen und Mettlach Luftlinie nur etwa zwei Kilometer auseinander liegen, die Saar an dieser Stelle aber auf krummer Tour dafür fast zehn Kilometer braucht. Über Jahrmillionen hat sie sich mit eigener Kraft einen Weg durch das harte Gestein des Taunusquarzits gegraben und schlängelt sich heute in einer spektakulären 180-Grad-Kurve durch die tiefe Schlucht.

Baumwipfelpfad mit Aussicht

Um einen Blick von noch weiter oben zu bekommen, hat oberhalb des Cloef-Aussichtspunktes 2016 ein Baumwipfelpfad mit einem Holzturm eröffnet, der als Pendant zur Saarschleife in Halbkreisform gehalten ist. Über einen 1250 Meter langen Holzsteg, der sich in einer schwindelerregenden Höhe von bis zu 23 Metern in Serpentinen zwischen den Baumkronen hindurchschlängelt, gelangen Besucher zur höchsten Plattform, von der aus sie nicht nur hervorragend auf das Naturwunder der Flussschleife, sondern bei klarem Wetter sogar bis zum Vogesen-Gebirge in Frankreich blicken können. Besonders reizvoll ist es hier zum Sonnenuntergang oder wenn nachts das kühle Licht des Vollmonds die Landschaft bescheint. Auch im Herbst lassen sich spektakuläre Eindrücke gewinnen, wenn die Saarschleife langsam aus dem sich lichtenden Bodennebel auftaucht.

Burgruine Montclair

Auf dem Bergrücken der Saarschleife liegt wildromantisch die Burg Montclair, zu der man mit einer kleinen Fähre von Steinbach aus übersetzen kann. Heute nur mehr Ruine, galt die Burg in dieser strategisch günstigen Lage früher als uneinnehmbar. Selbst als Feinde sie umzingelten, um ihre Bewohner auszuhungern, stießen diese einfach ihre Bienenkörbe herab und trieben die Angreifer schnell in die Flucht. Damit hier heute niemand mehr Hunger leiden muss, ist Montclair nicht nur ein wunderschön gelegenes Ausflugsziel, sondern hat auch ein Bistro, in dem man sich nach dem Aufstieg gut stärken kann.

INFO

Saarland: 986.887 Einwohner

Aktivitäten: *baumwipfelpfade.de/saarschleife, burg-montclair.de*

Website: *saarschleifenland.de*

DURCH DIE MITTE UND DEN OSTEN

Eine US-Metropole? Nein, Frankfurt am Main!

DURCH DIE MITTE UND DEN OSTEN

Die Grenz-Tour

18 Frankfurt – 35 Kilometer –
19 Darmstadt – 45 Kilometer –
Spessart – 47 Kilometer – Lohr –
55 Kilometer – Bad Kissingen –
41 Kilometer – **20 Rhön/Gersfeld** –
31 Kilometer – Tann – 94 Kilometer
– **21 Hainich Nationalpark** –
95 Kilometer – **22 Bad Frankenhausen**
– 46 Kilometer – Eisleben – 79 Kilometer – **23 Pömmelte** – 26 Kilometer
– Magdeburg – 112 Kilometer –
Werder – 13 Kilometer – **24 Potsdam**
– 30 Kilometer – **25 Berlin** – 39 Kilometer – Königs Wusterhausen – 67
Kilometer – **26 Spreewald/Lübbenau**
– 32 Kilometer – **27 Cottbus** – 94
Kilometer – Moritzburg – 18 Kilometer – **28 Dresden** – 79 Kilometer
– Chemnitz – 63 Kilometer –
29 Göltzschtalbrücke – 48 Kilometer
– **30 Mödlareuth**

Gesamtdistanz:
knapp 1200 Kilometer
Empfohlene Reisedauer:
mindestens zehn Tage, besser zwei
Wochen

Legende:
Kapitelorte im Buch sind mit rotem
Pin markiert und mit Zahlen versehen. Schwarzer Pin: interessante Orte,
die am Wegesrand unserer Tour liegen und einen zusätzlichen Abstecher
wert sind.

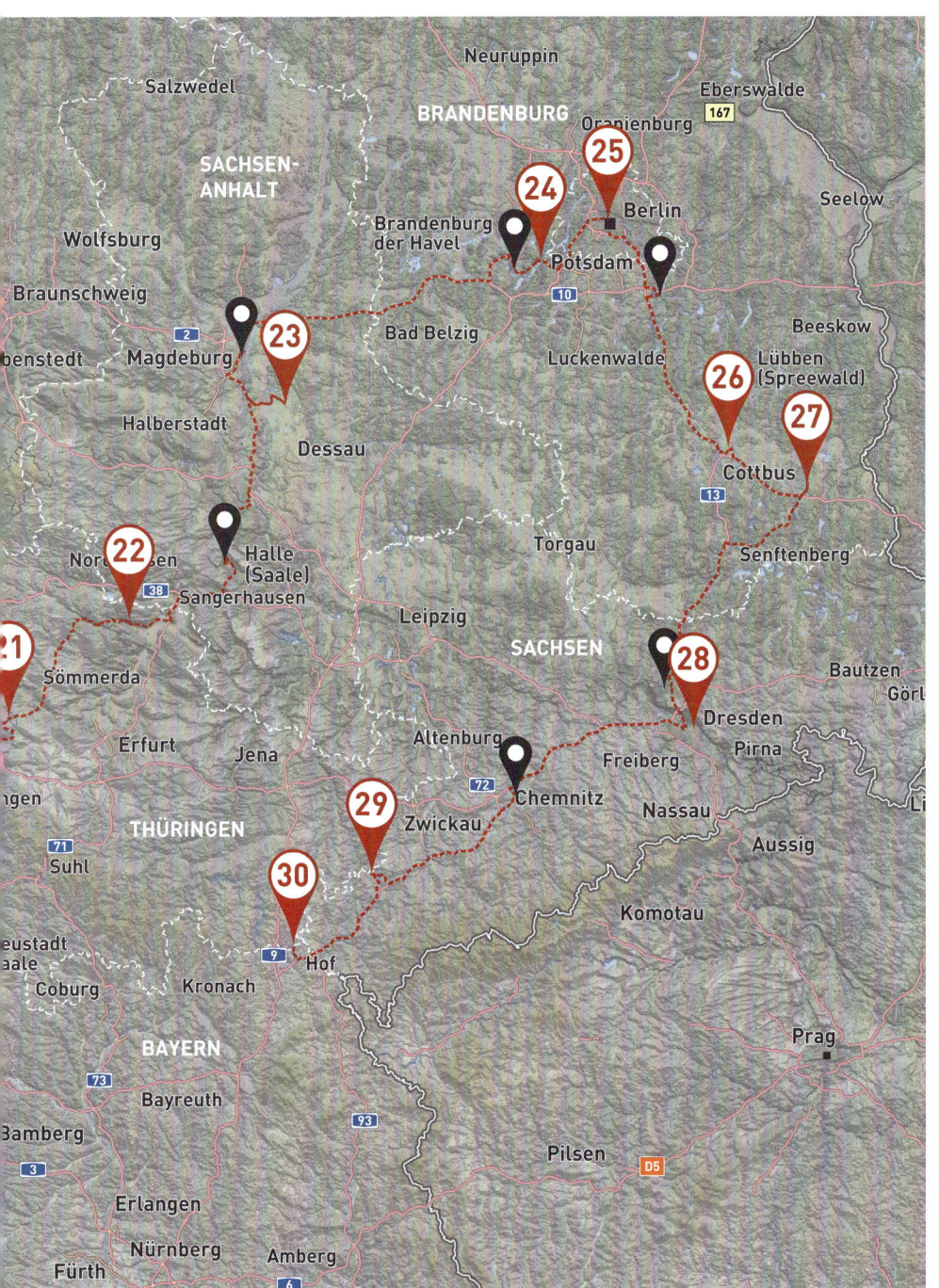

DURCH DIE MITTE UND DEN OSTEN

Die Grenz-Tour

„Alle Schranken sind bloß des Übersteigens wegen da", meinte einst Novalis, einer der großen deutscher Lyriker der Romantik. Der Reiz des Verbotenen und das Spitzbübische darin, im Sinne von „da geht doch was", gilt immer noch, findet aber ein uncharmantes Ende, wenn es sich bei den Schranken um harte Landesgrenzen handelt. Man denke an den Todesstreifen zwischen der DDR und der BRD, der auf dieser Tour zweimal besucht wird.

Der dunkle Spessart-Wald

Start ist in Frankfurt (Seite 100): Mainhattan bietet von allen deutschen Städten am leichtesten und schnellsten die Möglichkeit, Schranken und Grenzen zu überwinden. Von einem der wichtigsten Airports der Welt kann man ungefähr zur Hälfte aller Staaten dieser Erde aufbrechen. Um einen Aufbruch ganz anderer Art ging es dagegen einst in Darmstadt (Seite 104). Dort war es der Jugendstil, der sich über Schranken in Kunst und Architektur hinwegsetzte.

Durch den dunklen Spessart-Wald – wo laut Räuberkomödie „Das Wirtshaus im Spessart" „die Pferde scheuen und die Büchse knallt" –, geht es durch die Schneewittchen-Stadt Lohr und Deutschlands bekanntestem Kurort Bad Kissingen (gemäß Emnid) hinein in die Wälder der Rhön. Im dortigen Sternenpark (Seite 108) sind nicht einmal den Grenzen Grenzen gesetzt: In klaren Nächten sieht man Tausende Sterne, die Milchstraße und andere Himmelsobjekte.

Ehemalige Grenzstadt Tann

Ganz anders die osthessische Stadt Tann: Ab 1949 war sie mehr als 40 Jahre lang an drei Seiten von der innerdeutschen Grenze halbinselförmig eingeschnürt. Die Informationsstelle „Grenze zur DDR" wurde mit dem Zusatz „ehemalige Grenze" auch nach 1989 weitergeführt. Die Ausstellung zeigt Grenzsperran-lagen, Waffen und Uniformen der NVA. Ein pensionierter Zollbeamter, der den Alltag der Grenze über Jahr-zehnte hautnah miterlebt hat, macht Führungen.

Im Hainich-Nationalpark (Seite 112) kann man ein wenig russisches Sibirien schnuppern, in Bad Fran-kenhausen (Seite 116) den Turm der Oberkirche bestaunen, der schiefer ist als der von Pisa, und in Eisleben die Weltkulturerbe- und Lutherstadt erkunden: Sie ist der Geburts- und Sterbeort von Martin Luther.

Weltkulturerbe Eisleben

Nach dem Ringheiligtum von Pömmelte (Seite 120) ist der Dom von Magdeburg mit dem Grab von Kaiser Otto I. beinahe (Kultur-)Pflicht. Aber auch das Hundertwasserhaus – es war das letzte Projekt des Architekten Friedensreich

Magdeburgs Hundertwasserhaus

Hundertwasser – und die Skulptur „Zeitzähler" lohnen. Der Zeitreisende hockt auf einer großen Kugel und überwindet mit der Zeit logischerweise auch Grenzen: Die vielen Uhren rund um die Kugel geben nämlich die Uhrzeiten an den weltweit größten Flüssen an.

Über das nördlichste Weinanbaugebiet Deutschlands, in Werder an der Havel, kommt man nach Potsdam (Seite 124). Nach Berlin (Seite 128) sind es dann nur noch rund 30 Minuten, wenn man möchte, mit der S-Bahn. Nicht in der Hauptstadt, sondern in Königs Wusterhausen hatte übrigens der deutsche Rundfunk seinen Geburtsort. Das Geburtsjahr war 1920.

Das eingangs zitierte Novalissche Bonmot passt bestens zur nächsten Station, kann man doch im Spreewald (Seite 132) gedanklich und atmosphärisch den großen Sprung von Brandenburg nach Brasilien an den Amazonas machen. Eine ziemlich kuriose Schranke überwand in Cottbus (Seite 136) auch Hermann Fürst von Pückler-Muskau, als er sich in einer Pyramide beerdigen ließ, als sei er in Ägypten.

Eine gute Stunde später ist man bei einem weiteren Verrückten: August der Starke heißt der Mann. Der Kurfürst von Sachsen war vernarrt in Pracht und Prunk. Und der Gipfel ist das Wasserschloss Moritzburg, wo August nicht nur Hirsche jagte und schönen Mädchen nachstieg, sondern sich auch die Zeit mit Seeschlachten vertrieb. Die Schiffe wurden eigens dafür gebaut! Nach 30 Minuten erreicht man dann Dresden (Seite 140).

Vom schönen Elbflorenz in die Provence sind es 1335 Kilometer, wenn man zum dortigen Weltkulturerbe Pont du Gard möchte. Zur verblüffend ähnlich aussehenden, nur deutlich größeren Göltzschtalbrücke (Seite 144) ist es dagegen nur rund ein Zehntel der Strecke. Und auf dem Weg liegt noch dazu Chemnitz, frisch gewählte Kulturhauptstadt Europas 2025. In Mödlareuth (Seite 148) wartet schließlich die letzte Grenze der Grenz-Tour: Thüringen und Bayern teilen sich heute das 40-Einwohner-Dorf. Zu Zeiten der DDR verlief mitten durch den Ort die Grenze in Form einer Mauer wie in Berlin.

Die schöne Moritzburg

INFO

spessart-tourismus.de
lohr.de
badkissingen.de
tann-rhoen.de
eisleben.eu

magdeburg.de
werder-havel.de
koenigs-wusterhausen.de
schloss-moritzburg.de
chemnitz.de

18. FRANKFURT AM MAIN – NEW YORK CITY

Hoch hinaus

Seiner einzigartigen Skyline hat Frankfurt am Main auch den Beinamen Mainhattan zu verdanken. Schließlich ist die Main-Metropole die einzige Stadt Deutschlands, die den Bau von Hochhäusern sogar direkt mitten im Stadtzentrum erlaubt. Weil aber in Mainhattan noch nicht mal halb so viele Menschen leben wie in New Yorks Manhattan, lässt sich hier Metropolenflair mit Lebensqualität genießen.

Skyline von Mainhattan

Zur blauen Stunde, wenn die letzten Sonnenstrahlen gerade noch die Spitzen der Wolkenkratzer streifen, beginnt die schönste Verwandlung jeder Hochhaus-metropole. Immer mehr Lichter erhellen nun die Fassaden, und je dunkler es wird, desto intensiver funkelt ein breites Lichtermeer, das sich noch dazu in vielen Wasserflächen spiegelt. Langsam zieht ein Ausflugsboot an der Skyline vorbei, draußen auf dem Außendeck weht einem der milde Abendwind durchs Haar, Kameras und Handys klicken und eine Passagiergruppe stimmt euphorisch ein Lied an: New York, New York? Von wegen! „Im Herzen von Europa liegt

mein Frankfurt am Main", schmettern die Fußballfans ihre Eintracht-Frankfurt-Hymne. Ganz genau: Frankfurt.

Auch wenn man sich gerade fühlt, als sei man mit der Circle Line auf dem Hudson River unterwegs, um Manhattan zu umrunden, merkt man schnell, dass man auch vom gesamten Mainufer aus eine perfekte Aussicht auf die spektakuläre Hochhaus-Skyline Frankfurts hat. Hier gibt es zwar keine Brooklyn Bridge, aber immerhin auch sieben Brücken, die man auf einer Schiffstour passieren kann. Darunter ist die Deutschherrnbrücke in der Nähe der europäischen Zentralbank besonders beliebt bei jenen, die Frankfurts Skyline so fotografieren wollen, dass sie sich perfekt im Main spiegelt.

Bei diesem Anblick ist es kaum vorstellbar, dass der historische Kaiserdom mit gerade mal 66 Metern noch in den 1950er-Jahren das höchste Gebäude der Stadt war. Heute bilden mehr als ein Dutzend Wolkenkratzer von über 150 Metern Höhe Frankfurts unverwechselbare Skyline und positionieren die Stadt damit nach London und Paris auf den dritten Platz der europäischen Hochhausmetropolen. Schließlich findet man in Frankfurt auch Deutschlands und sogar Europas höchstes Gebäude: den Commerzbank Tower mit 259 Metern, gefolgt vom Messeturm mit 256,5 Metern und dem Main Tower mit 200 Metern – jeweils ohne ihre Antennen gemessen. Nirgendwo in Deutschland hat sich eine Stadt so weit in die Höhe gewagt.

Frankfurts Hochhauskulisse ist im deutschen Städtevergleich auch deshalb so einzigartig, weil es eine hohe Konzentration an Hochhäuser hier sogar mitten im Stadtzentrum gibt. Das hat bei Frankfurt vor allem historische Gründe, denn die Altstadt mit ihren vielen Fachwerkhäusern war nach dem Zweiten Weltkrieg fast komplett niedergebrannt. Während seinerzeit Städte wie München oder Nürnberg sich in der Wiederaufbauphase der Nachkriegszeit architektonisch für den Blick zurück entschieden und sich mitunter noch bis heute gegen alles wehren, was ihre Kirchtürme überragt, wagten die Frankfurter den Sprung in die Hochhaus-Moderne. Probleme, wie sie historische Großstädte bis heute haben, wenn sie beim Hochhausbau auf gewachsene Sichtachsen Rücksicht nehmen oder

Alte Oper vor Skyscraper

Architekturkontraste

Hochhäuser von identitätsstiftenden Gebäuden des Stadtkerns ferngehalten müssen, kennt man in Frankfurt so nicht. Deshalb gilt die Stadt auch als Beispiel für gelungene Hochhausarchitektur, weil die im Ensemble gebauten Wolkenkratzer einen gekonnten Dialog eingehen können und nicht unsinnig als Solitäre über die Stadt einzeln verstreut sind.

In vielen Städten ist der Bau eines Hochhauses noch ein Ereignis, in Frankfurt gehört er zum Alltag. Damit aber auch die Hochhausmetropole mit lebenswerten Vierteln und nicht mit geisterhafter Leere aufwarten kann, machten sich Architekten wie Christoph Mäckler, der Frankfurts Stadtbild mit bedeutenden Hochhausbauten wie dem Opernturm oder dem Tower 185 mitgeprägt haben, schon früh für eine größere Vielfalt und Nutzungsmischung bei der Stadtplanung stark. Bis 2024 arbeiten zahlreiche Architekturbüros an etlichen Großprojekten der Stadt, darunter so große wie das Hochhausensemble Four in der Innenstadt, ein Milliardenprojekt aus vier Türmen mit Büros, Hotelzimmern und auch Wohnungen. Ein gemeinsamer Sockel mit Geschäften, Restaurants, Arztpraxen, Fitnessstudio und einer Kita soll die Hochhäuser verbinden. Oder das Grand Central, die neue Zentrale des Schienennetzbetreibers DB Netz am Hauptbahnhof, zu der auch ein neuer Hochhausturm namens Icoon mit bis zu 600 Wohnungen geplant ist. Im Europaviertel hat die Stadt grünes Licht für den Millennium Tower gegeben, der einmal mit 260 Metern den Höhenrekord des Commerzbank Towers brechen soll.

Selbst wenn manche Frankfurter bei ihrer Stadt lieber von der kleinsten Metropole der Welt sprechen als von Mainhattan, wollte man hier schon immer modern sein. So braucht sich auch in punkto Museumskultur Mainhattan vor Manhattan nicht zu verstecken. Mit dem Museumsufer ist zu beiden Seiten des Mains eine einzigartige Kulturmeile entstanden. Zwischen Eisernem Steg und Friedensbrücke sind in restaurierten Bürgervillen und anspruchsvollen architektonischen Neubauten 15 Museen entstanden, darunter das Filmmuseum, ein Architekturmuseum, das Museum für Angewandte Kunst, das Jüdische Museum und das Museum für Moderne Kunst, das Einheimische wegen seiner eigenwilligen dreieckigen Form auch gerne „Tortenstück" nennen. Die New Yorker sind da weit weniger nett zu ihren Museen. Dem legendären Guggenheim haben sie wegen seiner unverwechselbaren Schneckenhausfassade schon mal dem Spitznamen „The big Toilet Bowl – die große Kloschüssel" verpasst.

Zu den bekanntesten Aussichtsplattformen, auf denen Besucher auch in großer Höhe noch nach draußen dürfen, zählen in New York das Empire State Building, das Rockefeller Center und The Edge. In Frankfurt bekommt man auf dem Main Tower in 200 Metern den höchstgelegenen Freiluftausblick über Mainopolis. Wer hier oben von Metropolenflair samt Skyline-Blick nicht genug bekommen kann, findet gleich nebenan im Eurotheum-Hochhaus in der 22nd Lounge & Bar einen stilvoll in schwarzem Holz und schwarzem Leder gehaltenen Platz mit Live-Piano- oder Jazzmusik. Big Apple heißt dort einer der Martini-Cocktails mit Apfelgeschmack in Anlehnung an New Yorks Spitznamen.

Zur späten Stunde kann man im selben Haus auch übernachten. Das Hotel Innside by Meliá beginnt ab der 22. Etage aufwärts, wobei bei bodentiefen Fenstern überall ein Blick auf die Wolkenkratzer rundherum garantiert ist. Wer es ganz exklusiv will, mietet sich in einer Suite mit Whirlpool ein. Bei einem Schaumbad zur späten Stunde mit Blick auf das nächtliche Lichtermeer lässt sich die Manhattan-Illusion dann zur Perfektion treiben, wenn man hierzu Frank Sinatras „New York, New York"-Song auflegt, der die US-Metropole zur meistbesungenen Stadt der Welt macht. Die Frankfurter werden es einem sicher nachsehen.

INFO

Frankfurt am Main, Hessen – 763.380 Einwohner

Aktivitäten:
- Skylight Schiffsrundfahrt mit Primus-Linie: *primus-linie.de*
- Aussichtsplattform Main Tower: *maintower.de*
- Deutsche Architekturmuseum (DAM): *dam-online.de*

Hochhausverzeichnis FRA: *skylineatlas.de*

Restaurant:
- Leslie's American Diner: Burger nach eigner Zusammenstellung ab 6,90 EUR, Alt-Schwanheim 23, 60529 Frankfurt am Main, Tel. 069 66608967, *lesliesamericandiner-frankfurtammain.de*

Unterkunft:
- Innside by Meliá Eurotheum: ab dem 22. Stock, mit Blick aufs Lichtermeer, DZ ab 107 EUR, Neue Mainzer Straße 66, 60311 Frankfurt am Main, Tel. 069 210880, *melia.com*; 22nd Lounge & Bar: *22nd-frankfurt.de/22nd-bar*

Website: *frankfurt-tourismus.de*

19. DARMSTADT – WIEN

Perle des Jugendstils

Art Nouveau hieß es in Frankreich, Secession in Österreich, Modernismo in Spanien, Stile Floreale in Italien, Jugendstil in Deutschland. Und die Mathildenhöhe in Darmstadt war eine Hochburg der Jugendstilbewegung mit der Künstlerkolonie um den Wiener Architekten Joseph Maria Olbrich. Allerdings wundert man sich, warum eine schöne russische Kapelle zum dortigen Architekturensemble gehört ...

Das frisch gebackene Weltkulturerbe ...

Der Gang durch die Wiener oder auch Prager Kopfsteinpflastergassen ist wie ein Gang durch scheinbar frisch renovierte Jahrhunderte und Kulturen, wie ein fröhliches Blättern in literarischen Werken und Kompositionen sowie ein faszinierender Streifzug durch das Lehrbuch der europäischen Baukunst, gerade in Sachen Jugendstil. Häuser und Paläste, Kirchen und Türme sind die steinernen Zeugen. Die Gebäude, ob bekannt oder unbekannt, geben der Innenstadt einen geradezu musealen Charakter. Keine Frage: Das kann Darmstadt nicht bieten. Aber: Die Mathildenhöhe ist ein wunderbares Beispiel, Jugendstil zu bewundern und zu begreifen. Schließlich ging es um nicht weniger als die Verschmelzung von Kunst und Leben, also um die Wiedereinbeziehung der Kunst ins Alltägliche.

„Eine Stadt müssen wir erbauen, eine ganze Stadt! Alles andere ist nichts!", sagte der Wiener Joseph Maria Olbrich, einer der treibenden Kräfte der Darmstädter Künstlerkolonie um 1900, zu der sich Paul Bürck, Patriz Huber, Hans Christiansen und andere gesellten, Multitalente, Architekten, Maler, Bildhauer und Kunsthandwerker in einem. Förderer der Künstlerkolonie war Großherzog Ernst Ludwig. Er spürte: In Darmstadt ging es um mehr als um das Design einer Untertasse. Es ging um die Gestaltung einer neuen Lebenswelt. Anfang des 20. Jahrhunderts galt die Mathildenhöhe als Tempel der Architektur. Sogar Walter Gropius, Ludwig Mies van der Rohe und Le Corbusier holten sich von dort Inspirationen. Und wenn Olbrich schon eine ganze Stadt erbauen wollte, fing er mit seinem eigenen Haus 1901 an, in dem er bis zu seinem Tod 1908 lebte. Olbrichs Wohnhaus am Alexandraweg 28 wurde wegen Kriegsschäden vereinfacht wiederaufgebaut.

Fragt man einen Darmstädter nach der Mathildenhöhe, schaut er einen an, als ob man vom Mond käme. Mathildenhöhe bedeutet in Darmstadt das Institut mit

... Ensemble Mathildenhöhe

wechselnden Ausstellungen, das Museum mit seiner Jugendstilsammlung und das gesamte Ensemble, das sich um den zum Wahrzeichen Darmstadts geworden Hochzeitsturm gruppiert, von dem man auf einer Aussichtsplattform auf 33 Metern Höhe einen schönen Ausblick hat.

Der Turm wurde bis 1908 zur Erinnerung an die Hochzeit des Großherzogs mit Prinzessin Eleonore errichtet. Er hat sieben Stockwerke mit Bibliothek sowie Zimmer für Großherzog und Großherzogin. Der Architekt hieß natürlich Josef Maria Olbrich, der 1899 von Ernst Ludwig in die Künstlerkolonie berufen wurde. Der insgesamt 48 Meter hohe Turm aus Backstein ist ein recht exzentrisches Gebilde mit um die Ecken geführten Fensterbändern und einem eigenwilligen Abschluss mit fünf Bögen, die anmuten, als seien sie Wellen. So sieht es von der Seite aus. Steht man dagegen frontal vor dem Gebäude, erkennt man eine Hand und ihre fünf Finger. Heute kann man im Turm heiraten.

Im Museum Künstlerkolonie wird der Aufbruch dokumentiert. Gezeigt wird ein Querschnitt der entstandenen Werke aller 23 Künstler von der Gründung 1899 bis zur Auflösung 1914, vom Weltentwurf bis zum Design einer Untertasse, die schließlich ein Teil des Gesamten ist. Und das Gesamte wurde 2021 geehrt: Seitdem ist das Emsemble Mathildenhöhe in Darmstadt UNESCO-Weltkulturerbe.

Plakathinweis auf Ausstellungen

Wie ein Fremdling zwischen den Jugendstilgebäuden des Ensembles wirkt die Russische Kapelle. Aber der russische Zar Nikolaus II. heiratete die Darmstädter Prinzessin Alexandra und wünschte während der Besuche ein eigenes Gotteshaus. Die blattgoldbelegten Turmkuppeln und bunt bemalten Kacheln fallen besonders ins Auge des 1899 erbauten Kirchleins, ebenso wie das Lilienbecken, eine Brunnenanlage, die 1914 dazu kam. Bis heute finden hier orthodoxe Gottesdienste statt.

Das Jugendstilbad

Zurück zum Jugendstil bleibt noch ein Besuch – abseits der Mathildenhöhe – im 1909 erbauten Darmstädter Stadtbad. Das Jugendstilbad bot einst noch getrennte Schwimmhallen für Frauen und Männer sowie Wannen- und Duschbäder für die Teile der Bevölkerung, die keine Badezimmer hatten. Heute erfreut es nicht nur mit seinem Dekor, sondern auch mit seinen Angeboten. Aus dem Schwimm- und Wannenbad wurde ein Wellness-Tempel mit Pools, Spa-Angeboten und Saunalandschaft auf zwei Ebenen: mit Hamam sowie mehreren Saunen mit

Die fünf Finger des Hochzeitturms

95 Grad (die Finnischen) über die japanische Rosensauna mit 65 Grad bis zum Römisch-irischen Dampfbad mit 45 Grad. Dazu kommen Aktionen wie die Mitternachtssauna mit Aufgusskreationen von 22 bis zwei Uhr morgens oder dem Lichterzauber, wo sanfte Klänge und unzählige Kerzen eine zauberhafte Atmosphäre schaffen. Das kann Wien nicht bieten ...

INFO

Darmstadt, Hessen – 159.000 Einwohner

Aktivitäten: *jugendstilbad.de*

Museum: *mathildenhoehe.eu/ausstellungen/aktuell*

Website: *mathildenhoehe.eu*

20. STERNENPARK RHÖN – UTAH DARK SKY PARKS

Fenster zum Universum

Im Sternenpark Rhön im Dreiländereck von Thüringen, Hessen und Bayern lassen sich natürliche Nachtlandschaften mit einem Himmel voller Sterne genauso gut erleben wie in den Dark Sky Parks von Utah. Weil im relativ dünn besiedelten Gebiet der Rhön kaum künstliches Licht den Blick in den dunklen Nachthimmel stört, kommen Sternebeobachter auch hier ins Schwärmen.

Tiefschwarze Nächte sind nichts für Angsthasen. „Man muss das mögen, wenn sich die Augen nur langsam ans Dunkel gewöhnen und sich Umrisse der Umgebung erst allmählich abzeichnen", sagt Luna. Ihren Spitznamen hat die Stuttgarterin schon seit sie neun Jahre alt ist. Damals saß sie wie gebannt vor dem Fernsehgerät, um die erste Mondlandung zu verfolgen. Später reiste sie bis nach Utah zu den Dark Sky Parks, um im Arches National Park zwischen mehr als 2000 natürlich gewachsenen Steinbögen den Sternenhimmel zu bewundern. Im Winter war dafür die beste Zeit, weshalb sich Luna oft nächtelang die Finger steif fror, nur um die optimale Ausrichtung fürs Fernrohr zu finden.

Sternedeuten am Nachthimmel

Auf Nachtexkursion mit Experten

Mit Beginn der Pandemie hieß es dann hiergeblieben und Luna begann ihre deutsche Heimat neu zu entdecken. Überrascht stellte sie bald fest, dass sie auf der Suche nach den besten Himmelsschauplätzen in der Rhön genau richtig ist. „Land der offenen Fernen" heißt diese Naturlandschaft im Dreiländereck Thüringen, Hessen und Bayern auch, denn sie ist nicht nur dünn besiedelt und wird deshalb nachts kaum vom künstlichen Licht großer Städte beeinträchtigt, sie ist auch nur etwa zu einem Drittel bewaldet. Eine gigantische Aussicht, um einen der hellsten Sternenhimmel in Deutschland zu bewundern.

Die International Dark-Sky Association (IDA) hat der Region, zu deren Kernzonen die Hohe Geba, die Lange Rhön und die Schwarzen Berge gehören, deshalb bereits 2014 die Auszeichnung „Sternenpark" verliehen. Mit einer Fläche von mehr als 2430 Quadratkilometern ist die Rhön obendrein Deutschlands größter Sternenpark, der sogar über drei Bundesländer reicht.

„Grenzen gibt es nur am Boden und im Kopf, aber nicht am Himmel", sagt Sabine Frank, die sich gern als Vollzeit-Sternenfee bezeichnet. Für die Sternenparkführerin sind besonders die sechs Himmelschauplätze der Rhön einmalig in Deutschland, weil man hier sogar tagsüber viele Informationen über den Himmel erhält. Über drehbare Sternkarten zum Beispiel, auf denen Besucher durch die Eingabe von Datum und Uhrzeit die exakten Positionen der Sterne ermitteln können.

Eine Sternenparkführerin erklärt die Mondlandung.

Am Himmelschauplatz in Hofaschenbach im Nüsttal ist es indes schon stock-finster, als Sabine Frank mit ihren Gästen ankommt. „Welcher ist nun der Polarstern?", will ein älterer Herr ungeduldig wissen, schließlich diente der helle Fixstern schon manchem Weltentdecker als Navigationshilfe. Sternenfee Sabine zeigt ihm deshalb den Polarsternfinder, mit dem selbst Unerfahrene den Stern rasch ausfindig machen können. Während der Mann nun versucht, sich so zu positionieren, dass die beiden nachts beleuchteten Ringe auf dem hohen Edelstahlmast deckungsgleich übereinander liegen, hat es sich Luna bereits auf einer großen dreh- und kippbaren Wellenliege gemütlich gemacht. „Endlich

Sternenwagen-Motiv: Mann im Mond

mal keine Nackenstarre vom ständigen Nach-oben-Gucken", sagt sie und scheint das ganze Sternenspektakel im Liegen überaus relaxed zu genießen.

Als erfahrene Sternenparkführerin wundert sich Sabine Frank oft über Anrufer, die wissen wollen, ob der Sternenpark auch am Wochen-ende geöffnet hat und wo sich der offizielle Eingang befindet. „Die Landschaft ist doch für jeden frei zugänglich und kostet keinen Eintritt. Und mit den Augen lässt sich hier die klimafreundlichste Fernreise machen bis hin-auf zu den Galaxien", schwärmt Frank. Bis zur Andromeda-Galaxie zum Beispiel, deren

Funkeln unvorstellbare 2,5 Millionen Lichtjahre unterwegs war, bis wir es sehen können. „Beim Blick in den Sternenhimmel schauen wir Milliarden von Jahren zurück in die Vergangenheit", sagt die Sternenexpertin. Es kann also durchaus sein, dass man gerade das Licht eines weit entfernten Sternes beobachtet, den es schon lange nicht mehr gibt.

Übernachten im Sternenwagen ...

Eisige Nächte in freier Wildbahn muss man zum Sternegucken aber noch lange nicht verbringen. Schließlich brachte der Rhöner Sternenpark den Wirt des Gasthofs „Zur Grünen Kutte" im thüringischen Dorf Bernshausen auf die Idee, einen Luxus-Sternenwagen zu bauen, damit Hotelgäste wie Luna sogar im Winter ohne zu frieren vom Bett aus Sterne beobachten können. Mit seinen bemalten Sternenmotiven ist der blaue Sternenwagen nicht zu übersehen: 20 Quadratmeter mit Fußbodenheizung, Bad und WC, Küche und Wohnbereich samt großem Schlafzimmer mit eigens verglastem Dach und freiem Blick zu den Sternen. Ganz klar, dass da auch eine Bettwäsche mit Sternenmotiven nicht fehlen darf.

... mit Bettblick zu den Sternen

INFO

Sternenpark Rhön: 2430 Quadratkilometer

Unterkunft:
- Übernachten im Sternenwagen, Landhotel Zur Grünen Kutte: zwei Personen ab 150 EUR, Hauptstraße 9, 36457 Bernshausen, Tel. 036964 82346, *gruene-kutte.de/wohnen/sternenwagen*

Websites:
- *sternenpark-rhoen.de*
- *verein-sternenpark-rhoen.de/himmelschauplaetze*

21. HAINICH – CODRUL SECULAR ŞINCA

Im Urwald

Der Nationalpark Hainich in Thüringen gehört mit seinen alten Buchenwäldern, die in solch zusammenhängender Ausdehnung selten geworden sind, zu Deutschlands letzter Wildnis. Man muss schon bis in die Karpaten reisen, um eine von Menschenhand unveränderte Landschaft mit ähnlich außergewöhnlichem Arten- und Strukturreichtum zu finden. Ideal zum Abschalten, Abstandhalten und zum Beobachten scheuer Tiere.

Welch zauberhafte Blumenteppiche aus violetten Lerchensporn und weißen Bärlauchblüten die ersten Sonnenstrahlen im Frühling im Nationalpark Hainich

Unterwegs auf dem Baumkronenpfad

auf den Waldboden zaubern! Licht und hell ist der Laubwald noch so früh im Jahr, bis die uralten Buchen ihr Blätterdach schließen und in ihrem Schatten bald auch Orchideen zu blühen beginnen. Im Herbst bringen dann 30 verschiedene Laubbaumarten den ganzen Wald zum Leuchten und überbieten sich in ihrem Farbspektakel. Ein Naturschauspiel ist der Hainich zu jeder Jahreszeit. Mit einer Fläche von 130 Quadratkilometern handelt es sich sogar um das größte zusammenhängende Laubwaldgebiet Deutschlands, von dem 75 Quadratkilometer als Nationalpark ausgewiesen sind.

Besonders die Buchenurwälder im Hainich gehören zu Europas letzter Wildnis. Noch zur Römerzeit war die Rotbuche in den ausgedehnten Urwäldern Germaniens die vorherrschende Baumart, doch durch die Entwicklung der Zivilisation wurden Buchenwälder immer mehr verdrängt. Auch die Sehnsucht, allein durch den Wald zu streifen ist uralt. Schon in der Romantik schwärmten Dichter wie

Ludwig Tieck, Joseph von Eichendorff und Heinrich Heine von wunderbarer Waldeinsamkeit. Doch im dicht besiedelten Europa ist heute echte Wildnis selten geworden und der Sehnsuchtsort deutscher Romantik zum Holzwirtschaftsraum verkommen.

Im Gegensatz dazu konnte sich der Wald im Nationalpark Hainich nach seinen eigenen Regeln zu einem Urwald mitten in Deutschland zurückentwickeln, denn er war als ehemaliger Truppenübungsplatz zu DDR-Zeiten jahrzehntelang militärisches Sperrgebiet. Große Bereiche wurden daher kaum betreten, das Totholz umgefallener Bäume konnte liegenbleiben und wurde zum Lebensraum, Brutplatz oder zur Nahrungsquelle vieler kleiner Waldbewohner. Bekannte Ausflugsziele im Hainich sind heute der Baumkronenpfad und das Wildkatzenprojekt in Hütscheroda, wo man die scheuen Tiere in einem Schaugehege sehen kann.

Urwald mitten in Deutschland

Bis auf winzige, urwaldartige Reliktflächen handelt es sich in Deutschland um naturnahe Altwälder, hingegen kann man in der abgelegenen Karpatenregion von Rumänien sogar von echten Urwäldern sprechen. Im Weltnaturerbe von Codrul Secular Şinca haben viele der Bäume ein hohes Alter von bis zu 400 Jahren erreicht. Auch die höchste Buche Europas mit 55,1 Metern hat man hier gefunden. Die Region beherbergt eines der größten Vorkommen alter Buchenwälder in Europa, doch werden ausgerechnet in Rumänien nach wie vor illegal große Baumbestände in Schutzgebieten geschlagen.

Wipfelwege mit Ausblick

Allein im Wald unterwegs zu sein, ist gerade in Zeiten der Corona-Pandemie so aktuell wie nie, schließlich stehen die Chancen gut, dass Spaziergänger hier kaum jemand anderem begegnen. Wenn es würzig riecht, das Licht milde schimmert, die Luft klar ist, sich die Wipfel im Wind wiegen und der Boden unter den Füßen federt, schreibt man in der fernöstlichen Tradition Bäumen sogar Heilkräfte zu. Unbestritten ist, dass der Wald dem Menschen guttut. Das sogenannte Waldbaden gilt in Japan bereits als Medizin.

INFO

Nationalpark Hainich, Thüringen – Fläche: 75 Quadratkilometer

Websites:
- *nationalpark-hainich.de*
- *weltnaturerbe-buchenwaelder.de*

22. BAD FRANKENHAUSEN – PISA

Wie schräg ist das denn?

Wer schiefer Turm sagt, meint Pisa, doch der schiefste Turm der Welt steht in Thüringen: Der Turm der Oberkirche von Bad Frankenhausen hat einen Überhang von 4,60 Meter und damit 70 Zentimeter mehr als die Marmorschönheit von Pisa. Schon im 17. Jahrhundert fing es mit der Schieflage an und der Turm sollte mehrfach abgerissen werden. Jetzt heißt es: Ab 2023 soll er wieder begehbar sein.

Er ist keine Schönheit. Gräulich und angeschlagen sieht er aus, der Turm der Oberkirche zu Bad Frankenhausen. Den 25. April 1382 nennt die Chronik als Tag der Fertigstellung der Kirche unserer lieben Frauen am Berge. Da hatte der Hauptturm noch vier kleine Seitentürme. Was damals keiner wusste: Das ganze Kyffhäusergebirge, zu dem Bad Frankenhausen gehört, ist laut Geologen so löchrig wie Schweizer Käse.

Löchrig wie ein Schweizer Käse: das Kyffhäusergebirge

1382 stand der schiefe Turm von Pisa schon zehn Jahre: schön schon damals, schräg schon damals, bewundert schon damals. 1185, also zwölf Jahre nach seiner Grundsteinlegung, wurde der Bau in Pisa allerdings wegen der Schieflage für mehr als hundert Jahre eingestellt. Die letzten vier Stockwerke errichtete man mit geringerem Neigungswinkel, um die Schieflage etwas auszugleichen.

Schiefe Türme sind scheinbar einfach faszinierend. In Abu Dhabi haben sie den Capital Gate Tower mit 160 Metern Höhe und 18 Grad Neigungswinkel sogar bewusst schief gebaut. Den Frankenhausenern kam die Schiefstellung dagegen komisch vor, sie wurde aber nicht als Zeichen Gottes gewertet. Ganz im Gegenteil: Die ortsansässige Gräfin schrieb die Schiefstellung den Folgen des 30-jährigen Kriegs zu, um Steuererleichterungen zu erhalten. „Abgelehnt", war 1640 die Antwort. Knapp 400 Jahre später, als es zum x-ten Mal um Sanierungsgelder ging, hörte sich „abgelehnt" dann so an: „Wir investieren nicht in schiefe Türme", sagte Thüringens Bauministers Christian Carius.

Der schiefe Kirchturm von Bad Frankenhausen

Doch die Bad Frankenhauser gaben über all die Jahrhunderte nicht auf, wehrten mehrfach sogar einen Abriss ab. Das Dach der Kirche wurde abgetragen, worauf es in den 1960er- und 1970er-Jahren nur noch Freilichtgottesdienste gab, ehe 1984 die komplette baupolizeiliche Sperrung wegen Einsturzgefahr angeordnet wurde.

Der Turm steht auf wasserlöslichen Gipsschichten, die Senkung war also nur logisch. Kein Fachmann konnte zwar den genauen Kipppunkt bestimmen, aber man errechnete sechs Zentimeter mehr Überhang pro Jahr und dass bis 2014 der Turm nicht einstürzen würde. Ein Brief an die Kollegen in Pisa mit der Bitte um Kooperation in Sachen Know-how wurde mit einem Formbrief etwas hochnäsig, in jedem Fall abschlägig beantwortet.

In diesem Jahr 2014 änderte dann ein Stadtratsbeschluss die Besitzverhältnisse: Die Stadt kaufte der Kirche die Kirche ab – für einen Euro. Für sie war das Gotteshaus nur ein hoffnungsloser Sanierungsfall, für die Bad Frankenhausener dagegen eine Herzensangelegenheit, besonders für Bärbel Köllen, bis 2019 Stadträtin und heute, mit 80 Jahren, noch Vorsitzende des Fördervereins Oberkirche. Bürgermeister Matthias Strejc, der seinem schiefen Turm sogar das Markenschutzzeichen „®" verschafft hat, sagte ihr: „Bärbel, du musst doch die Wiedereröffnung als Vorsitzende miterleben!"

Die Nordansicht

„Wir haben gemacht, getan, gekämpft! Alles!", erinnert sich Bärbel Köllen. Aber alles umsonst. Bis das erhoffte Wunder kam: „Der für die Region zuständige Bundestagsabgeordnete brachte die Oberkirche auf die Liste der Bauwerke für nationale Bedeutung, was mit 700.000 Euro Fördergeld für die Stabilisierung einherging. Die Kirche war gerettet!"

Bärbel Köllen

Noch ist das Betreten von Turm und Kirchenschiff (bis auf einen kleinen abgezäunten Bereich) verboten, aber knapp 200.000 Gäste pro Jahr kommen dennoch, um den Turm der Oberkirche zu bestaunen, darunter auch Touristen aus Pisa, die „den noch schieferen Turm besuchen wollen", so Bärbel Köllen. Die Schiefstellung sieht man zwar von überall mit dem bloßem Auge, für ein Foto aber am besten von Süden, von der Bornstraße.

Die Stadtführerin spricht selbstbewusst vom schiefsten Turm der Welt. „Offiziell", so Bärbel Köllen, „sagen wir das aber nicht." Denn in Ostfriesland steht ein 27 Meter hoher Kirchturm, der im „Guinness-Buch der Rekorde" als am stärksten unabsichtlich geneigter Turm der Welt steht: Suurhusen hat 5,19 Grad Neigung, die Oberkirche nur 4,93. Aufgrund der Höhe ist jedoch der Frankenhausener Turm mit 4,60 Meter Überhang vom Lot klar schiefer als der ostfriesische Turm mit 2,47 Meter.

„Jetzt", sagt die engagierte Bärbel Köllen, „haben wir ein touristisches Konzept erarbeitet und einen Architektenwettbewerb ausgeschrieben." Ein Büro aus Berlin wird das Kirchenschiff wiederherstellen, „mit viel Glas, damit die historischen Grundmauern zu sehen sind. Sogar unser Oberkirchturm soll bis 2023 wieder begehbar werden!" Man spürt Bärbel Köllen die große Freude an. „Wir haben gemacht, getan, gekämpft! Alles!", sagte sie. Und letztlich scheint es sich gelohnt zu haben …

INFO

Bad Frankenhausen, Thüringen – 10.000 Einwohner

Websites:
• *bad-frankenhausen.de*
• *oberkirchturm.de*

23. PÖMMELTE – STONEHENGE

Kathedrale der Steinzeit

Das Ringheiligtum von Pömmelte bei Zackmünde wurde wie auch das britische Stonehenge von Vertretern der Glockenbecher-Kultur bereits vor etwa 4300 Jahren erbaut. Seine hervorragend erhaltenen Funde geben einzigartige Einblicke in die komplexen Rituale der Jungsteinzeit und frühen Bronzezeit. Augenfälligster Unterschied: Pömmeltes Kreisgrabenanlage war aus Holz und nicht aus Stein errichtet worden.

Stonehenge kennt jeder, aber Pömmelte? Dabei kann es das Ringheiligtum in Zackmünde, 20 Kilometer südlich von Magdeburg, durchaus mit Stonehenge aufnehmen. Schon seine Entdeckung 1991 war spektakulär, denn erst aus der

Ringheiligtum aus Holzpfählen

Luft konnte der Archäologe André Spatzier von der Martin-Luther-Universität Halle-Wittenberg das mehr als 4000 Jahre alte Ringheiligtum, das sich damals noch unter der Grasnarbe verbarg, überhaupt erst in der Bodenstruktur erkennen.

Als Wissenschaftler die Kreisgrabenanlage in den Folgejahren freilegten, war schnell vom deutschen Stonehenge die Rede, denn Aufbau, Größe und Alter Pömmeltes entsprechen der Anlage auf der britischen Insel. Wobei Woodhenge wohl treffender wäre, denn nicht aus Steinen wie in Stonehenge war das Heiligtum von Pömmelte seinerzeit gebaut, sondern mangels Steinbrüchen in nächster Nähe wurde es aus Tausenden von Baumstämmen errichtet, von deren Befestigung im Boden die Archäologen zahlreiche Pfostenlöcher freilegen konnten.

Dank vieler Ausgrabungsfunde konnte das Ringheiligtum bald originalgetreu rekonstruiert werden. Damit man eine bessere Vorstellung davon bekommt, wie die Anlage einst aussah, setzte man geglättete Baumstämme zu einem gewaltigen

Tore, angelegt nach astronomischen Kriterien

ringförmigen Palisadenzaun mit einem äußeren Durchmesser von 115 Metern neu in den Boden ein. In dieser Weise waren mehrere konzentrisch angeordnete Ringe aus Baumstämmen, Erdwällen, Gräben und Toren nach streng astronomischen Kriterien angelegt und für spirituelle Rituale genutzt worden.

Überblick vom Aussichtsturm

Pömmeltes Entdeckung machte es möglich, das soziale und religiöse Umfeld der Kultur der Jungsteinzeit und frühen Bronzezeit, für das die ebenfalls in der Region gefundene Himmelsscheibe von Nebra das bekannteste Beispiel ist, besser zu verstehen. Denn wie das mystische Stonehenge in Südengland, über das man übrigens viel weniger weiß, wurde auch das Ringheiligtum in Pömmelte von Vertretern der Glockenbecher-Kultur erbaut.

Auf einer Reihe von großen hölzernen Tafeln, die Hinkelsteinen gleichen, heben sich mystische Zeichen ab. „Das könnte eine Art Ahnengalerie gewesen sein", meint der Archäologe André Spatzier. Zahlreiche Scherben von Keramikgefäßen, Tierknochen, Steinbeile, Mahlsteine und menschliche Skelette sprechen für eine Nutzung als zentrales Heiligtum mit vielfältigen Ritualen. Etliche Funde sind heute im Salzlandmuseum in Schönebeck zu sehen.

Die Ausgrabungen zeigten auch, dass das Bauwerk einst als Abbild des Kosmos galt. Die Menschen studierten bereits seit Jahrtausenden den Himmel und richteten offenbar ihre religiösen Bräuche an den Geschehnissen in der Natur aus. Die touristische Route Himmelswege verbindet heute solche bedeutenden astronomischen Zeugnisse und archäologischen Entdeckungen im Süden Sachsen-Anhalts. Erst kürzlich entdeckten Archäologen bei Pömmelte auch etwa 50 Langhäuser, die sich als größte frühbronzezeitliche Siedlung Mitteleuropas erweisen könnte. Es wird also weiter gegraben.

Verzierte Stehlen

INFO

Pömmelte/Zackmünde, Sachsen-Anhalt – 644 Einwohner

Museum: Funde aus Pömmelte sind im Salzlandmuseum Schönebeck zu sehen: *museum.salzlandkreis.de*

Website: *himmelswege.de*

24. POTSDAM-ALEXANDROWKA – GLASOVO

Das russische Sängerdorf

Kriegsgefangene als Geschenk? Und warum wurden diese Gefangenen zu Sängern? Was hat es mit den 14 Holzhäusern, unweit von Schloss Sanssouci, auf sich, die 1826 auf Wunsch des preußischen Königs Friedrich Wilhelm III. im russischen Stil erbaut wurden? Und was hat Zar Alexander I. mit dieser russischen Kolonie in Potsdam zu tun? In der Siedlung Alexandrowka ist alles ein bisschen anders …

Der Bortsch steht schon auf dem Tisch, rot und sauer im Geruch, natürlich kalt. In Haus 1 wird deftig aufgetragen, denn nach diesem gehaltvollen Rote-Bete-Eintopf folgt noch Boeuf Stroganoff. Später am Nachmittag bringt Olga, wie ihre Kolleginnen eine gebürtige Russin, in Haus 2 Tee aus dem Samowar an den Tisch. Aus einem ehemaligen Stallgebäude wurde ein Museum mit Café und

Holzhäuser im russischen Stil

schönem Garten. Der Tee riecht fein und die Honigtorte dazu sieht verführerisch aus. Wer nun aber denkt, Haus 1 und 2 wären schon die ganze russische Kolonie Alexandrowka in Potsdam, der täuscht sich.

Die Alexandrowka besteht aus insgesamt 14 Holzhäusern im russischen Stil, unweit von Schloss Sanssouci gelegen und 1826 auf Wunsch des preußischen Königs Friedrich Wilhelm III. erbaut. Vorbild war das russische Dorf Glasovo bei St. Petersburg. In den von Peter Joseph Lenné entworfenen umgebenden Gartenanlagen – samt Hunderter von Obstbäumen – sollten russische Sänger die richtige Atmosphäre für ihre Musik und ihre Muse haben. Lenné war kein Geringerer als der General-Gartendirektor der königlich-preußischen Gärten.

Doch wieso waren die Gebäude die Heimat von russischen Sängern? Wie kamen diese Leute Anfang des 19. Jahrhunderts dorthin? Für die Antworten sind ein paar Hintergrunderklärungen nötig: Am 30. Dezember 1812 wurde der Kriegszustand zwischen Preußen und Russland beendet. König Friedrich Wilhelm III. und Zar Alexander I. näherten sich an, und so kam es, dass 62 russische Soldaten, die als Gefangene nach Potsdam gekommen waren, als Geschenk des Zaren am königlichen Hof in Potsdam bleiben und einen russischen Sängerchor bilden sollten. Heute unvorstellbar – damals Realität!

Als Zar Alexander 1825 starb, lebten allerdings nur noch zwölf der russischen Sänger-Soldaten in Potsdam. Und ein

In der Alexandrowka ...

... mit dem Kapellenberg

Jahr später verfügte König Friedrich Wilhelm: „Es ist meine Absicht, als ein bleibendes Denkmal der Erinnerung an die Bande der Freundschaft zwischen mir und des hochseeligen Kaisers Alexander von Rußlands Majestät, bei Potsdam eine Colonie zu gründen, welche ich mit den, von Seiner Majestät mir überlassenen Russischen Sängern als Colonisten besetzen und Alexandrowka benennen will." Also entwarf Lenné die Anlage in Form eines Alleensystems, dessen Mitte das Andreaskreuz bildete: eine Ehrerbietung für einen der wichtigsten Heiligen der russischen Kirche, dem Apostel Andreas. Nördlich der Holzhaus-Kolonie kam am Kapellenberg die Alexander-Newski-Kirche dazu. Die Kirche stand somit gut sichtbar über den Wohnhäusern, denen ursprünglich Gehöfte angeschlossen waren.

Nach dem Willen des Königs durften die russischen Sänger nur dann in die Häuser einziehen, wenn sie verheiratet waren. Einige suchten sich deshalb noch kurzfristig eine Frau. Die Häuser durften auch nicht verkauft und nur in direkter männlicher Linie vererbt werden. Deshalb kamen einige der Gebäude in der Folgezeit wieder zurück an den König, der sie anschließend an verdiente Feldwebel vergab. 1861 verstarb der letzte Sänger der russischen Kolonie. 1927, also rund hundert Jahre nach der Gründung, waren nur noch vier der Häuser von direkten

Beim Apfelfest

Nachkommen der Sänger bewohnt. Und bis heute wohnt noch – äußerst zurückgezogen – Kurt Grigorieff in Haus 7.

Aufgrund seiner Einzigartigkeit und dem sehr ungewöhnlichen Aufeinandertreffen unterschiedlicher Kulturen wurde das Ensemble 1999 Weltkulturerbe. Die Lennésche Anlage wurde im Rahmen der Bundesgartenschau 2001 rekonstruiert und seitdem sind auch wieder Hunderte alter Obstsorten dort beheimatet. Weitere vier Jahre später eröffnete das Museum in Haus 2. Die begehbaren Räume wurden im Biedermeier-Stil originalgetreu restauriert. Die anderen Häuser haben private Besitzer, die ihr Anwesen auch bewohnen. Die Blockhäuser sind zwar von außen kaum von 1826 zu unterschieden, innen jedoch mit den üblichen modernen Wohnstandards ausgestattet. Unter anderem lebte der Potsdamer Oberbürgermeister Jann Jakobs

Blühender Obstbaum

während seiner Amtszeit (2002 bis 2018) in einem der Häuser. Eine Geschichte, die sicherlich ein filmreifer Stoff wäre. Sinnigerweise liegt das Studio Babelsberg, das älteste Großatelier-Filmstudio der Welt, nur ein paar Kilometer entfernt. Rangetraut hat sich aber bislang noch niemand an das Thema ...

INFO

Potsdam, Brandenburg – 181.000 Einwohner

Museum: *alexandrowka.de*

Restaurant:
- Haus 1: russische Bedienungen, russische Speisen, moldavische, georgische und Krim-Weine; Hauptgerichte 12 bis 15 EUR; Russische Kolonie 1, 14469 Potsdam, Tel. 0331 2006478, *alexandrowka-haus1.de*

Veranstaltung: Russisches Apfelfest mit Musik und Folklore (im September)

Website: *potsdamtourismus.de*

---

25. BERLIN-KREUZBERG – ISTANBUL

Currywurst oder Döner?

Die Bundeshauptstadt ist nach Istanbul die größte Stadt mit türkischen oder türkischstämmigen Einwohnern auf europäischem Boden. Knapp 180.000 Deutsch-Türken oder Türken leben in Berlin, die meisten von ihnen in Kreuzberg, das deshalb Klein-Istanbul genannt wird. Ein Streifzug durch ein Viertel mit türkischen Gemüseläden und deutschen Graffitis, Teehäusern und Indieclubs, Moscheen und Gropius-Bau.

Der Diktator im Demokratie-Mäntelchen hat es verbockt: Erdogan ist dafür verantwortlich, dass die Deutschen die Türkei meiden. Wenn Journalisten ihren Job machen und deshalb für Jahre im Gefängnis landen, wenn die türkische Gerichts-

Kreuzberg ist deutsch ...

barkeit keinen Cent mehr wert ist und einem als Urlauber für kritische Worte „Ruhe, sonst Knast" angedroht wird, der hat die Gunst seiner Feriengäste verspielt. Das ist schlimm, weil viele, die im Tourismusgeschäft arbeiten, gar nichts dafür können.

Schlimm ist auch, dass der Erdo-Wahn bis Kreuzberg getragen wird. Der Gemüsehändler, der den Laden seines Vaters aus den 1970ern übernommen hat, hält sich raus aus der Politik, in den Teehäusern pegelt sich das Pro Recep zum Contra schon bei 70:30 ein und

... und türkisch.

rund um die Mevlana-Moschee, eine der größten Moscheen in Kreuzberg, streben Betreiber und Besucher einen islamistischen Gottesstaat an. Der deutsche Verfassungsschutz hat bereits ein Auge auf sie geworfen.

„Kreuzberg ist eine Stadt, in der ich gerne lebe", sagt dagegen Hamza. Er repariert und verkauft in einem Mini-Laden Handys. „Ich bin 26, in Berlin geboren und Kreuzberg ist meine Heimat." Die Türkei kennt er nur von Verwandtenbesuchen. „Dort bin ich der Deutsche. Und ganz ehrlich: Nach zwei Wochen will ich wieder heim nach Kreuzberg."

Das Heim in Kreuzberg besteht aus unzähligen türkischen Geschäften vom Handy-Shop über Hamams, Friseursalons, türkischen Metzgereien und Lebensmittelläden mit Fladenbrot und Knoblauchwurst bis zu Teehäusern mit schnauzbärtigen Kellnern, Döner-Buden und Restaurants. Wobei es heißt, dass ein gewisser Kadir Nurman den Döner 1972 in Berlin erfunden habe: gegrilltes Fleisch, Zwiebel, Tomate, Salat, Sauce im Fladenbrot. Berlin dürfte mit mehr als tausend Buden Hauptstadt des Döners sein.

Gesprochen und bestellt wird in der Regel türkisch. In so mancher Teestube sind ausschließlich Männer zu finden. Die meisten jungen Türkinnen sind allerdings „H&M"-uniform gekleidet und zwar ohne Kopftuch. Geschäftsnamen und Klingelschilder sind vornehmlich türkisch, nur Graffitis weisen darauf hin, dass sich alles in Berlin abspielt. Ein Klospruch in einem türkischen Imbiss sagt:

Kunterbunt, chaotisch, Kreuzberg

Eckkneipe in Kreuzberg

„Kreuzberg ist türkischer als die Türkei" und darunter: „Es fehlt nur der Bosporus". Rechts daneben: „Brauchen wir aufm Kiez nicht" …

Laut Entfernungsrechner ist der Bosporus 23 Stunden, drei Minuten oder 2188,7 Kilometer entfernt. Das Straßenbild in Kreuzberg erweckt nicht den Eindruck, dass Istanbul so weit weg ist. Aber es gibt immer noch viel Deutsches, Clubs, von Indie bis Punk, und zahlreiche Kulturinstitutionen wie den Gropius-Bau, dem Treffpunkt der Kunstszene. Sie und vieles andere zeigen: Berlin ist bunt, schräg, „arm, aber sexy" (Ex-Bürgermeister Klaus Wowereit), weltoffen und frei, weil jeder sein Leben frei bestimmen kann. Das ist 2188,7 Kilometer südöstlich nicht mehr der Fall.

INFO

Berlin – 3.670.000 Einwohner

Aktivitäten: Viertelrundgang, *berlin-tour-and-guide.de*

Museum: Zur Hausbesetzerszene, *fhxb-museum.de*

Restaurant:
• Hasır: eigene Metzgerei, Holzkohlegrill, gute Mezze, rund um die Uhr
  geöffnet; Hauptgerichte 9 bis 24 EUR; Adalbertstraße 10, 10999 Berlin, Tel.
  030 61659222, *hasir.de*

Unterkunft:
• Die Fabrik: einfache Zimmer im historischen Backsteingebäude in einem
  Hinterhof; DZ ab 50 EUR; Schlesische Straße 18, 10997 Berlin, Tel. 030
  6117116, *diefabrik.com*

Website: *berlin.de*

26. SPREEWALD – AMAZONAS

Im Reich des Schlangenkönigs

Der Spreewald im Osten Brandenburgs ähnelt mit seinen verträumten Wasserwegen und kleinen Siedlungen, die oft nur per Boot erreichbar sind, den brasilianischen Landschaften am Amazonas. Auch wenn im Spreewald keine Krokodile oder Piranhas beißen, sondern allenfalls Moskitos, gehört sein zauberhaftes Wasserlabyrinth zu den artenreichsten Kultur- und Naturlandschaften unseres Landes.

Noch schwebt Frühnebel über der Welt aus Wasser und Wald und hüllt sie in geheimnisvolles Schweigen. Der Kahn gleitet fast lautlos durch ein fein verzweigtes Labyrinth von Fließen und Kanälen. Auf ruhigen Passagen lauscht man mit geschlossenen Augen, wie das leise plätschernde Wasser vorbeizieht. Irgendwo im Dickicht knackst ein Ast. Am Uferrand lässt sich in tief unterspültes Wurzelgeflecht blicken. Die ersten Vögel beginnen den Tagesanbruch zu bezwitschern, und auf gelben Teichrosen kosten blau schillernde Libellen die ersten Sonnenstrahlen aus. Bei Einheimischen gelten sie als die Elfen des Waldes. Mit ihren schnell schwirrenden Flügelchen können sie plötzlich in der Luft stoppen, um

Paddeln durch den grünen Blätterwald

ihre Köpfchen so interessiert zu drehen, als würden sie einen ganz genau beobachten.

Viele Spreewädler erinnern sich noch heute mit großer Freude daran, wie sie im Liegen auf Opas Lastkahn mitgefahren sind oder zum Sommervergnügen der Kahn mit Liegestühlen zur Ausfahrt bestückt wurde. Solche Kindheitserinnerungen sind bisweilen mit großen Emotionen verbunden. Im Spreewaldresort Zum Schlangenkönig hat man daraus inzwischen ein Konzept für besondere Kahnausfahrten entwickelt. Auf speziell angefertigten Liegesäcken müssen Besucher nicht mehr steif auf Holzbänken sitzen, sondern können die Fahrt im Liegen genießen und auch mal den Blick hinauf in die mächtigen Baumkronen richten.

Beim Blick nach oben wölben sich die Kronen von Erlen, Eichen, Buchen und Pappeln zu einem Dach aus tausend verschiedenen Grüntönen. Damit dieser grüne Himmel nicht schnell zur grünen Hölle wird, heißt es aufzupassen, im schier undurchdringlichen Dschungel nicht die Orientierung zu verlieren, wenn man allein mit dem Kanu losgepaddelt ist. Nicht von ungefähr gilt der Spreewald auch als der kleine deutsche Amazonas. Hölle heißt indes am Amazonas in der Tat einen Abschnitt zwischen Jutai und Fonte Boa, weil sich der Fluss hier wie eine Anakonda in engen Windungen durch üppig wuchernden Regenwald schlängelt und man an permanent sich verändernden Sandbänken passieren muss. Im spreewäldischen Urwald scheint man hingegen schon um sechs Uhr morgens restlos verloren. Die Landschaft hat einen derart verzaubert, dass man sich im Kanu hat einfach treiben lassen und nun keinen blassen Schimmer hat, wo genau man gelandet ist.

Was hatte der Kanuverleiher einem noch mit auf den Weg gegeben: „Im Spreewald verloren zu gehen, ist so gut wie unmöglich." Der Mann muss es wissen, schließlich hat Volkmar Baier auch Paddelerfahrung auf dem Amazonas und ist in heimischen Gefilden Locationscout für das Filmteam des Spreewaldkrimis. Wie von ihm empfohlen, führt die Spur zurück dann tatsächlich vom kleineren Wasserlauf in den jeweils nächstgrößeren, bis man irgendwann an einer Kreuzung landet, an der Wegweiser am Ufer anzeigen, wo es beispielsweise zu so kuriosen Orten wie Huschebusch oder Byhleguhre-Byhlen geht. So gesehen, ist der Spreewald dann doch erheblich übersichtlicher als der Amazonas, ja fast schon typisch deutsch strukturiert.

Die über viele Jahrhunderte entstandene Flusslandschaft des Spreewalds, nur etwa eine Stunde von Berlin entfernt, ist jedoch nicht nur das Ergebnis von Naturgewalten. Auch der Mensch war daran beteiligt, um natürliche Fließe im Binnendelta der Spree zu Kanälen zu erweiterten und auf Schwemmlandinseln Landwirtschaft zu betreiben. Zweisprachige Ortsschilder allenthalben zeugen

Schloss Lübbenau

von den ersten Spreewaldsiedlern, den Sorben und Wenden, die sich schon im sechsten Jahrhundert niederließen und bis heute uralte Bräuche pflegen. Ostereier werden beispielsweise mit harmlos aussehenden Dreiecken verziert, die eigentlich Wolfszähne symbolisieren und vor dem Bösen schützen sollen. Auch am Amazonas vermitteln indigene Stämme wie die Boras Besuchern ein wenig von jenem animistischen Glauben, der einst ihre Welt beseelte. An einer wundersamen Halskette baumeln getrocknete Schuppen eines urzeitlich aussehenden Amazonas-Raubfisches. Der Pirarucú kann mehr als zwei Meter lang und 150 Kilo schwer werden und ist der Legende nach ein verwunschener Krieger.

Die Mythenwelt des Spreewaldes kennt Rochus Graf zu Lynar nur zu genau, denn auf seinem Schloss in Lübbenau verortete schon Theodor Fontane auf seiner Reise durch Brandenburg die Legende vom Schlangenkönig. Demnach raubte einst ein gieriger Kaufmann die wertvolle Krone des Schlangenkönigs, der sich im Schlosspark zu sonnen pflegte. Die Schlange verschwand und Lübbenau verarmte. Die Lynars mühten sich jedoch, wiedergutzumachen, was der Kaufmann angerichtet hatte. Sie pflegten des Schlangenkönigs Lieblingsstelle im Schlosspark, der daraufhin zurückkehrte. Die Krone tragende Ringelnatter findet sich noch immer am Tor des Schlosses wie auch auf Giebeldächern historischer Spreewaldhäuser, denn die Schlangen galten als gute Hausgeister der Region. „Sie haben manchem schon Haus und Hof gerettet, denn sie kriechen instinktiv auf Anhöhen, die von Überschwemmung verschont bleiben", sagt der Graf.

Kanufahren ist im Spreewald aber keine Erfindung der Outdoorindustrie, denn schon seit Jahrhunderten ersetzen mehr als tausend Kilometer lange Wasserstraßen hier die Straßen. Bis heute sind einige Häuser nur auf dem Wasserweg zu erreichen, weshalb in Lübbenau-Lehde die Post schon seit 123 Jahren mit dem Spreewaldkahn ausgefahren wird. Drei Stunden ist Deutschlands einzige Kahnpostbotin Andrea Bunar täglich unterwegs, um 65 Haushalte mit Briefen und Paketen zu beliefern. Mit eigener Muskelkraft versteht sich, denn sie muss den Kahn mit einer langen Holzstange durch die Fließe staken, weil Motorboote weitgehend verboten sind. „Eine Hollywoodschaukel und ein Gewächshaus waren bisher meine kurioseste Fracht", sagt die Kahnpostbotin.

Nur im Winter, wenn die Fließe gefrieren und die Kähne Winterschlaf im Schuppen halten, muss sie aufs Auto umsteigen und den Rest des Weges zu Fuß erledigen. Dann hat der Spreewald eine Atmosphäre, die der Amazonas nicht mehr toppen kann. „Wenn die Bäume ihre Blätter verlieren, wird die Landschaft plötzlich licht und weit. Mit den Schlittschuhen kommt man

Die Post wird per Boot zugestellt.

nun zu versteckten Ecken, zu denen nie ein Kahn vordringen kann", schwärmt die Spreewälderin. Das Reich des Schlangenkönigs hat eben viele Facetten und ist zu jeder Jahreszeit ein Zauberwald.

INFO

Spreewald, Brandenburg – 14.250 Einwohner

Aktivitäten:
- Kahnfahrt der Sinne: Das Spreewaldresort Zum Schlangenkönig hat einen eigenen Anlegesteg am Kanal, von wo aus man mit dem Kanu lospaddeln oder auch spezielle Themen-Kahnfahrten mitmachen kann. Geführte Kahnfahrt auf Liegesäcken, mit offenem Kamin bei Glühwein und Tee oder eingedeckten Frühstücksausfahrt für zwei Personen ab 80 EUR pro Stunde, DZ ab 90 EUR, Waldschlösschenstraße 14, 03096 Burg, Tel. 035603 75930, *zum-schlangenkoenig.de*

Museum: *spreewald-biosphaerenreservat.de, museums-entdecker.de*

Unterkünfte:
- Zum Schlangenkönig: DZ ab 90 EUR; Waldschlösschenstraße 14, 03096 Burg, Tel. 035603 75930, *zum-schlangenkoenig.de.*
- Hotel Schloss Lübbenau: hier ist die Geschichte vom Schlangenkönig verortet; DZ ab154 EUR; Schlossbezirk 6, 03222 Lübbenau, Tel. 03542 8730, *schloss-luebbenau.de*

Website: *spreewald.de*

27. COTTBUS-BRANITZER PARK – GIZEH

Pyramide im See

Wie kommen Pyramiden nach Deutschland? Und wofür sind sie bestimmt? Südöstlich von Cottbus liegt einer der schönsten Landschaftsgärten der Republik, der Branitzer Park – mit zwei Erdpyramiden. Es sind die einzigen in Europa! Hermann Fürst von Pückler-Muskau ließ das Meisterwerk der Gartenkunst im 19. Jahrhundert anlegen und sich dort in einer Pyramide beerdigen.

„Er war Weltenbummler, Afrikareisender, galt als Exzentriker, Frauenheld und Angeber", erklärt Simone Neuhäuser, Kustodin der Stiftung „Fürst-Pückler-Museum Park und Schloss Branitz". Manche meinen spöttisch, er sei – in Anspielung auf den bayerischen König Ludwig II. – der kleine Ludwig von Brandenburg gewesen. Von einer Reise brachte er sogar eine Sklavin mit, erstanden auf dem Sklavenmarkt von Karthum. 1838 bis 1840 war er in Ägypten, besuchte zahllose Pyramiden, darunter Gizeh und Sakkara. Doch anders als in Ägypten

Kahnpartie zur Wasserpyramide

Spaziergang zur Landpyramide

ließ Pückler seine Pyramiden ab 1856 nicht aus Stein errichten, sondern aus Erde aufschütten, „denn sie sind für die Ewigkeit", so Pückler. Gizeh und der Nil standen Pate für die Pyramide inmitten des nach dem Bau angelegten Sees, und Sakkara war Vorbild für die stufenförmige Landpyramide, die vier Jahre später gebaut wurde, da viel Aushub vom See vorhanden war.

„Die Pharaonen wurden mumifiziert", sagt Neuhäuser. „Und auch der Fürst wollte in keinem Fall von Würmern zerfressen werden. Also befahl er noch zu Lebzeiten die chemische Zerstörung seines Körpers: Nach seinem Tod 1871 wurde das entnommene Herz mit Schwefelsäure übergossen und der Leichnam in ein mit Ätznatron durchtränktes Tuch in einen Metallsarg gelegt." Er fand sein Bestattungsvorhaben wohl schlicht standesgerecht: „Ein Fürst war schließlich kein herkömmlicher Adeliger, wenngleich natürlich auch kein Pharao", meint die Wissenschaftlerin.

Seit dem 18. Jahrhundert gab es immer wieder Pyramidenbeerdigungen in Deutschland, „meistens von Männern, die keine Nachkommen hatten", ergänzt die Kunsthistorikerin. Prinz Heinrich von Preußen und seine Grabpyramide im Park von Schloss Rheinsberg ist ein gutes Beispiel. Pücklers Erdpyramide war zwar im Vergleich zur Cheops-Pyramide in Gizeh (139 Meter) sehr klein, doch gegenüber den anderen deutschen Steinpyramidengräbern fast dreimal so groß,

Schloss Branitz im Park

nämlich 13,50 Meter. Heute liegt die Höhe wegen Erosion immerhin noch bei zwölf Metern. Das Außergewöhnliche aber war: Ein Grab in einer Erdpyramide war damals weltweit einmalig. Seine Frau Lucie, die bereits 1854 verstarb und zunächst auf dem Branitzer Dorffriedhof lag, wurde nach dem Tod Pücklers in die Pyramide, von ihm Tumulus genannt, umgebettet.

Beide Pyramiden liegen in dem 1846 angelegten englischen Landschaftsgarten. Pückler bezeichnete den heutigen Branitzer Park als „Meisterwerk". Das mäandernde Netz aus Wegen, Wasserläufen und Seen sowie die gestalteten Baumkompositionen und sanften Hügel machten den Branitzer Park zu einem

Das Totenkreuz vor der Wasserpyramide

Gartendenkmal von internationalem Rang – natürlich wirkend, dabei jedoch fein modelliert und bis ins letzte Detail durchdacht: „Wer in meinen Park schaut, schaut in meine Seele", schrieb Pückler, der zu den bedeutendsten deutschen Gartengestaltern des 19. Jahrhunderts gehörte.

Der Park ist Pücklers Meisterwerk.

INFO

Cottbus, Brandenburg – 101.000 Einwohner

Aktivitäten: regelmäßige Kahnpartien zur Seepyramide

Museum: *pueckler-museum.de*

Restaurant:
- Cavalierhaus: Restaurant und Café mit Fürstenpastete und Fürst-Pückler-Eis; Hauptgerichte 11 bis 18 EUR; Zum Kavalierhaus 9, 03042 Cottbus, Tel. 0355 49397030, *cavalierhaus.de*

Website: *cottbus.de*

28. DRESDEN – FLORENZ

Stein gewordene Musik

Bereits seit Anfang des 19. Jahrhundert bürgerte sich für Dresden der Beinamen Elbflorenz ein. Er gilt als Würdigung der Kulturmetropole an der Elbe und ihrer besonderen Kunstsammlung mit Schwerpunkt auf Alte Meister Italiens sowie ihrer ausgeprägten Barock-Architektur. In keiner anderen Stadt ist seit der Wende so viel und so detailliert wiederaufgebaut worden wie in Dresden.

Die Assoziationen mit Italien stammen nicht von ungefähr. Schon die Landschaft mit der Elbe, den Brücken, den Hügelhängen und den Gebirgen am Horizont, in die Sachsens Hauptstadt gebettet ist, erinnern an das Stadtbild von Florenz und seinen Fluss Arno. Immer wieder erhebend ist der sogenannte Canaletto-Blick, eine berühmte Dresdener Stadtansicht, die der italienische Maler Bernardo Bellotto, genannt Canaletto, Mitte des 18. Jahrhunderts festgehalten hat und die man bis heute vom rechten Elbufer aus unterhalb der Augustusbrücke noch genauso betrachten kann: eine Stadtsilhouette als Gesamtkunstwerk.

Um Dresdens italienisches Flair so richtig auszukosten, flaniert man am besten wie einst der Hochadel auf der Brühlschen Terrasse. Dieser architektonisch schönste Teil des Dresdner Elbufers wurde zwischen 1739 und 1748 als privater

Dresden – eine Stadt als Gesamtkunstwerk

Wasserspiele vor dem Zwinger

Lustgarten des Grafen Brühl angelegt und wird noch heute als Balkon Europas
gerühmt. Hier lassen sich die Sonnentage am Vortrefflichsten beim süßen Nichts-
tun genießen – der deutschen Variante des italienischen dolce far niente.

Die überaus harmonische Atmosphäre von Dresden zog wie einst auch Florenz
zahlreiche Künstler an, die sich von diesem Umfeld inspirieren ließen. Dresden
besitzt über 50 Museen und mehr als 35 Theater und Kleinkunstbühnen, wovon
die Sempergalerie, die den Zwinger nach Nordosten zur Elbe hin begrenzt, nach
dem Vorbild der Uffizien von Florenz gebaut wurde. Auch das Original von Ca-
nalettos Dresdenansicht kann man in der Sempergalerie bewundern, wo noch
zahlreiche andere Kunstwerke bedeutender italienischer Meister zu sehen sind,
wie Raffaels berühmte Sixtinische Madonna.

Der Zwinger selbst war einst weder Wohnhaus noch Residenz, sondern diente
einzig und allein den repräsentativen Ansprüchen August des Starken, dem Kurfürsten von Sachsen. Der wünschte sich nach einer ausgiebigen Italienreise, dass
sein Dresden so werden sollte wie Florenz. Aus Augusts Ägide stammen deshalb
so stolze Bauten wie die Semperoper, die Brühlsche Terrasse oder eben der Zwinger, die zusammen das barocke Herz der Stadt bilden und die man schon damals
als „Stein gewordene Musik" rühmte.

Architekt Pöppelmann und Bildhauer Permoser gelang mit dem Zwinger Anfang
des 18. Jahrhunderts ein einzigartiges Gesamtkunstwerk aus Architektur, Plas-
tik und Malerei, das zu den bedeutendsten Bauwerken des Spätbarocks zählt.
„Was ein Friedrich August im Anfange des Jahrhunderts anfing, hat ein anderer

Semperoper

Friedrich August am Ende desselben vollendet. Durch sie ist Dresden in Anse-
hung der Kunstschätze ein Deutsches Florenz geworden", formulierte seinerzeit
Johann Gottfried Herder und prägte so erstmals für Dresden den Begriff eines
deutschen Florenz. Mit der Ankunft des an antiken und Renaissance-Vorbildern
geschulten jungen Architekten Gottfried Semper verabschiedete sich Dresden
Anfang des 19. Jahrhunderts endgültig aus der Provinzialität und nahm architektonisch Maß am realen Florenz. In Dresdens Semperoper feierte man alsbald
Triumphe mit einem immer selbstbewusster gewordenen Bürgertum, das sich
umso prunkvoller in Szene zu setzen beliebte.

Beide Kulturmetropolen sind heute längst Partnerstädte, aus deren Stadtsilhouette besonders mächtige Kuppelkirchen hervorstechen. Die als „Steinerne Glocke"
bekannt gewordene Kuppel der Dresdner Frauenkirche war seinerzeit die einzige
Steinkuppel nördlich der Alpen. Die als „Petersdom der Protestanten" bekannte Frauenkirche stürzte nach schweren Luftangriffen auf Dresden 1945 in sich
zusammen. Finanziert von Fördervereinen und Spenden aus aller Welt, wurde
sie erst nach der Wende 2005 rekonstruiert. Beim Wiederaufbau Dresdens ging
die Denkmalpflege sogar so weit, eines ihrer Grundgesetze, die Charta von Ve-
nedig, partiell außer Kraft zu setzen. Demnach darf, was einmal verschwunden

ist, eigentlich nicht wiederaufgebaut werden. Doch Dresden galt schon vor dem Zweiten Weltkrieg als der „Inbegriff der schönen Stadt".

Für die UNESCO war aber nicht allein die Altstadt 2004 der Grund für die Aufnahme ins Weltkulturerbe gewesen, sondern der besondere Dreiklang aus Stadt, Land und Fluss. Mit dem Bau der Waldschlösschenbrücke, die das Elbtal nun an einer besonders breiten zentrumsnahen Stelle durchtrennt, entzog jedoch die UNESCO nach jahrelangen Kontroversen 2009 Dresden den Welterbetitel wieder. Ein bewohntes Museum ist diese Stadt eben mitnichten.

Neumarkt mit Frauenkirche

INFO

Dresden, Sachsen – 556.780 Einwohner

Restaurant:
• Italienisches Dörfchen: drei Lokale in barockem Ambiente – ein Kaffeehaus, ein Schankhaus und das italienische Restaurant Brunetti Centro mit Steinofenpizzen ab 11 EUR; Theaterplatz 3, 01067 Dresden, Tel. 0351 498160, *italienisches-doerfchen.com*

Website: *dresden.de*

29. GÖLTZSCHTALBRÜCKE – PONT DU GARD

Hält das Ganze auch?

Sie ist die größte Ziegelsteinbrücke der Welt, gut 150 Jahre alt und steht so stabil wie am ersten Tag: die dreistöckige Göltzschtalbrücke bei Zwickau, die aufgrund ihrer Bögen von Weitem aussieht wie ein römisches Aquädukt. Ihren eigentlichen Zweck hört man immer beim Überqueren der Eisenbahn. Und wenn die Brücke nicht so riesig wäre, könnte man tatsächlich meinen, der berühmte Pont du Gard stehe in Sachsen.

Einst die größte Eisenbahnbrücke der Welt

Es war eine Mammutaufgabe, aber diese Brücke musste sein! Das Göltzschtal wäre für die Eisenbahn sonst unüberwindlich geworden. Doch Professor Johann Andreas Schubert und Oberingenieur Robert Wilke, die Verantwortlichen für den Bau der Göltzschtalbrücke, hatten große Sorgen: Hält ein Bauwerk dieser Größe auch wirklich und bricht nicht allein durch das Eigengewicht zusammen? Das Vorhaben war ja nicht weniger, als die damals höchste Eisenbahnbrücke der Welt zu bauen. Niemals vorher stieß man in solche Dimensionen vor: 26.021.000 Ziegel und 17.089 Kubikmeter Sand wurden zwischen 1846 und 1851 verbaut. 1736 Arbeiter waren beteiligt. 30 verloren unter harten Bedingungen ihr Leben. Aber die Brücke wurde zu einem Meisterstück der Bau- und Ingenieurskunst. Das Teilstück der Eisenbahnstrecke zwischen Leipzig und Nürnberg hat bis heute seine 81 Bögen. Und die Züge rauschen noch dieser Tage über die oberste, die vierte Etage der 78 Meter hohen und 574 Meter langen Bogenkonstruktion.

Rock und Klassik unterhalb der Brücke

Mittels eines Preisausschreibens versuchte man, das günstigste Projekt zu ermitteln. In allen großen deutschen Zeitungen wurde annonciert und 81 Entwürfe waren der Ertrag. Aber bei allen eingesandten Arbeiten fehlte der statische Nachweis, dass die Brücke den Belastungen der Eisenbahnzüge gewachsen sei. Letzt-

Die Brücke ist mehr als einen halben Kilometer lang.

lich wurde das Preisgeld auf vier Anbieter aufgeteilt und die Statik selbst berechnet. Schubert und Wilke machten dies mit Bravour. Dass überwiegend Ziegel als Baustoff verwendet wurden, resultierte aus Geldmangel und Zeitdruck. In der Nähe der Baustelle gab es große Lehmlager und die Herstellung der Ziegel war günstig. Nur an den Fundamenten, Pfeilerschäften und Tragebögen verwendete man Granit. Aufgrund der Sparmaß-

Blick von der Schaukel

nahmen kostete das ganze Projekt nur 2,2 Millionen Taler. Das wären in heutiger Währung gerade mal gut drei Millionen Euro.

Mächtig und prächtig überspannt die Brücke das Tal der Göltzsch. Leider darf man selbst nicht drüberfahren, es sei denn, man setzt sich wie vor rund 130 Jahren in die Bahn. Im Vergleich zum von Weitem sehr ähnlich aussehende Weltkulturerbe Pont du Gard in der französischen Provence ist die Göltzschtalbrücke um rund ein Drittel größer. Das römische Aquädukt kommt nur auf drei Ebenen und 50 Meter Höhe sowie 360 Meter Länge. Allerdings wurde es bereits Mitte des 1. Jahrhunderts errichtet.

Wegweiser für Wanderungen

INFO

Göltzschtalbrücke, Sachsen

Unterhaltung: Konzerte unterhalb der Brücke, *vogtland-philharmonie.de*; Rock-Classics, *kraussevent.de/?s=Rock+classics*

Website: *goeltzschtalbruecke.de*

30. MÖDLAREUTH – WEST-/OSTBERLIN

Die Mauer in klein

Little Berlin – so wird Mödlareuth landläufig genannt. Durch das Dorf verlief 41 Jahre lang die innerdeutsche Grenze. Die längste Zeit davon trennte eine dort erst 1964 gebaute Mauer über Jahrzehnte Familien und Freunde – wie einst in Berlin. Sogar die jetzigen Nachbildungen der Mauer, Stacheldrahtzäune und Wachtürme wirken beklemmend. Wie brutal muss damals die Wirklichkeit gewesen sein?

Historische Aufnahmen ...

Die menschenunwürdige Grenzziehung der DDR war für alle Deutsche schrecklich, doch für Mödlareuth noch ein ganzes Stück schlimmer, denn die Mauer von Mödlareuth verlief – wie in Berlin durch die Stadt – mitten durchs Dorf und wurde – wie das große Pendant in Berlin – zum Symbol der deutschen Teilung. Die Amerikaner prägten deshalb den Begriff Little Berlin.

In Oberfranken war die Mauer 700 Meter lang und drei Meter hoch, eiskalt und bestens bewacht. Sogar die heute zu sehenden Nachbildungen von Mauer, Zäunen und Wachtürmen wirken schrecklich. Wie muss erst die echte Mauer auf die Menschen gewirkt haben? Einblicke geben Dokumentationen und die Exponate im Deutsch-Deutschen Museum vor Ort. Oder Otto Oeder ...

... mit einem Blick nach drüben ...

Oeder war Grenzbeamter. Am Eisernen Vorhang. Am Todesstreifen. Viele Jahre lang. Von 1967 bis zur Wende 1989: „Ich habe so manchen DDR-Flüchtling in Franken empfangen", sagt der heute 75-Jährige. Und er hat so manchen Schuss gehört ... 872 Todesopfer sind offiziell an der Grenze zur DDR verzeichnet. Die Dunkelziffer dürfte weit höher liegen.

... vom Mauerbau ...

Die Grenze in dem Dorf mit nur 40 Einwohnern gab es schon lange, aber nie eine Mauer. 1810 wurden entlang des Tannbaches erste Grenzsteine gesetzt: Die eingemeißelten Initialen KB für das Königreich Bayern auf der westlichen und FR für das Fürstentum Reuß auf der östlichen Seite dokumentieren bis heute die Zugehörigkeit Mödlareuths zu verschiedenen Landesherren. Nach dem Ende des Ersten Weltkrieges ging der Westteil Mödlareuths in den neu gegründeten Freistaat Bayern, der Ostteil in das Land Thüringen über. Der Tannbach als Grenzverlauf blieb als reine Verwaltungsgrenze bestehen, die das Alltagsleben der Mödlareuther aber nicht beeinträchtigte. So befanden sich Wirtshaus und Schule im thüringischen Teil, zum Gottesdienst aber ging man gemeinsam nach Bayern.

... und der Öffnung 1989

Nachbildung der Mauer heute ...

Reste der historischen Grenzmauer

Nach dem Ende des Zweiten Weltkrieges sollte die Demarkationslinie für Mödlareuth aber von schwerwiegender Bedeutung werden: Mödlareuth-Ost lag nun in der sowjetischen und Mödlareuth-West in der amerikanischen Besatzungszone. Einen Checkpoint wie in Berlin gab es nicht. Und aus einem Stacheldrahtzaun wurde 1964 eine Betonmauer. Mitten durch den Ort: Mödlareuth wurde zu einem schrecklichen Symbol der Trennung Deutschlands und ist damit auch ein Stück deutsche Geschichte. Mehr als 37 Jahre lang war es auf legale Weise nicht möglich, die Grenze in Mödlareuth zu überschreiten, um vom einen in den anderen Ortsteil zu gelangen. Familien wurden getrennt, Freundschaften, der ganze Ort … Es war sogar verboten, von Ost nach West zu winken oder zu grüßen. Noch heute spürt man, was der kalte Krieg für den Ort bedeutete: Isolierung, sozial und wirtschaftlich, weil abgeschnitten von funktionierenden Handels- und Verkehrsströmen. Auch heute verläuft die bayerisch-thüringische Grenze wieder mitten durchs Dorf. Nach dem Teilabriss der Mauer am 17. Juni 1990 entstanden bereits ab 3. September des gleichen Jahres Nachbauten, die Gedenkstätte und das Freilichtmuseum.

… mit Wachtürmen und Stacheldraht

INFO

Mödlareuth, Bayern, Thüringen – 40 Einwohner

Museum: *moedlareuth.de/museum.html*

Website: *moedlareuth.de*

DURCH DEN SÜDEN

Prag? Nein, Regensburg!

DURCH DEN SÜDEN

Die Seen-Tour

31 München – 27 Kilometer – Starnberger See – 75 Kilometer – **32 Garmisch-Partenkirchen** – 12 Kilometer – **33 Klais** – 77 Kilometer – Füssen – 146 Kilometer – **34 Unteruhldingen** – 16 Kilometer – Bodensee/Inseln – 6 Kilometer – **35 Salem** – 109 Kilometer – **36 Ulm** – 18 Kilometer – **37 Blaubeuren** – 79 Kilometer – Stuttgart – 102 Kilometer – **38 Baden-Baden** – 40 Kilometer – Karlsruhe – 133 Kilometer – **39 Miltenberg** – 74 Kilometer – Würzburg – 60 Kilometer – Rothenburg o. T. – 47 Kilometer – **40 Dinkelsbühl** – 53 Kilometer – Großer Brombachsee – 57 Kilometer – Nürnberg – 84 Kilometer – **41 Hirschau** – 82 Kilometer – **42 Regensburg** – 66 Kilometer – **43 Hallertau** – 104 Kilometer – **44 Altötting** – 14 Kilometer – **45 Burghausen** – 43 Kilometer – **46 Chiemsee** – 50 Kilometer – Königssee

Gesamtdistanz: 1574 Kilometer
Empfohlene Reisedauer:
zwei bis drei Wochen

Legende: Kapitelorte im Buch sind mit rotem Pin markiert und mit Zahlen versehen. Schwarzer Pin: interessante Orte, die am Wegesrand unserer Tour liegen und einen zusätzlichen Abstecher wert sind.

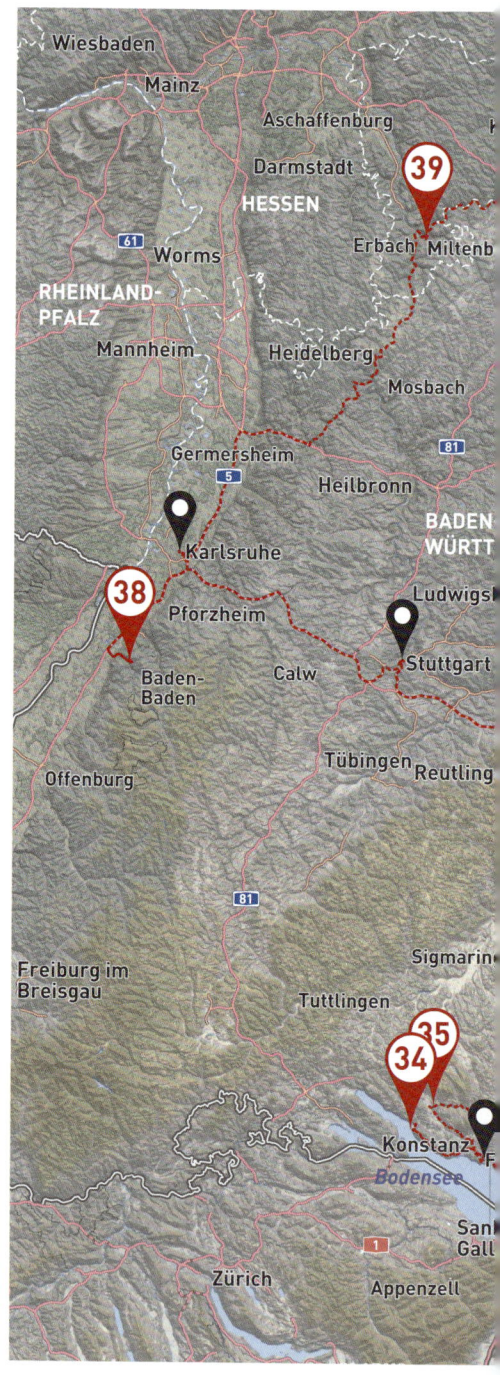

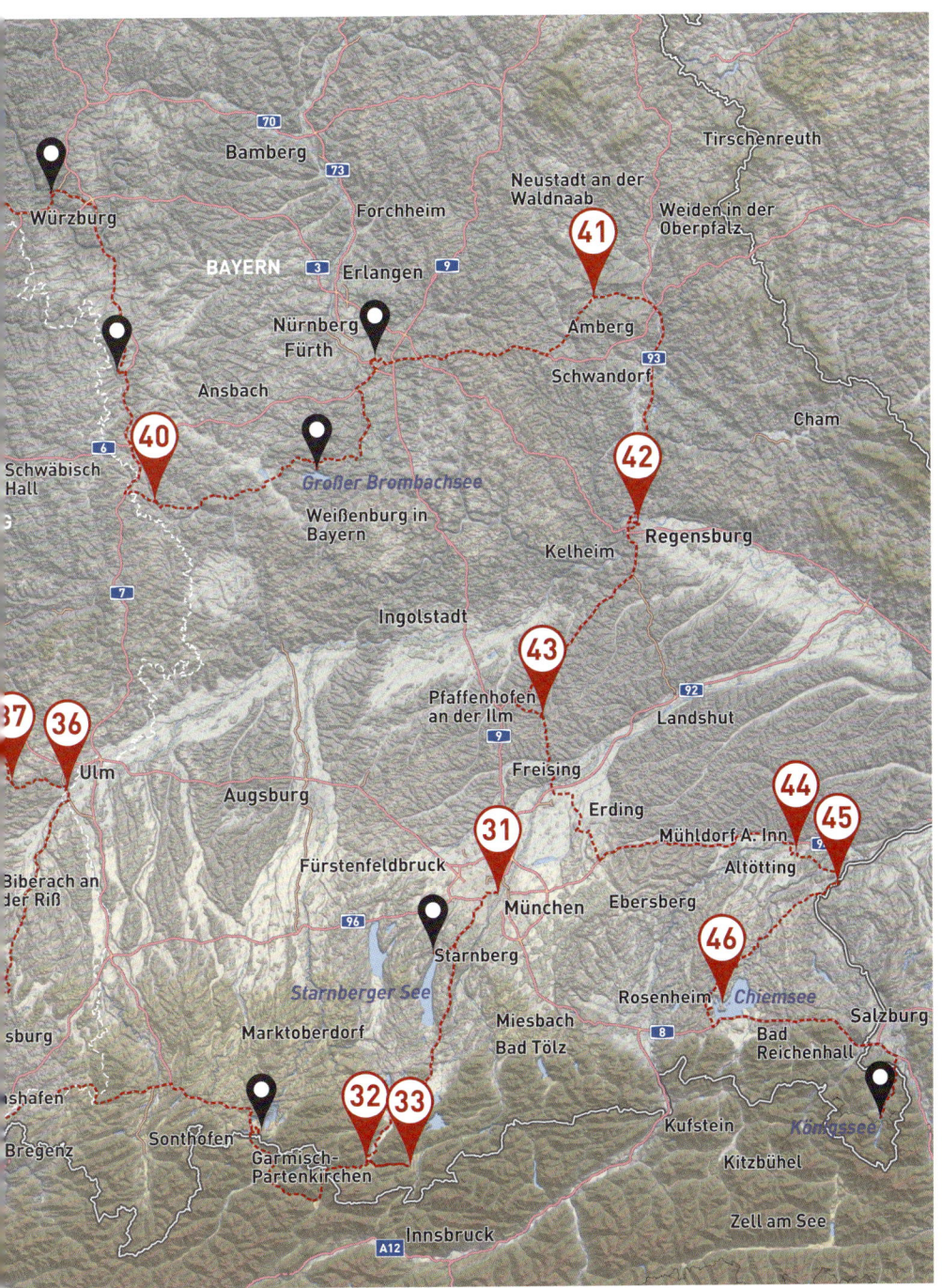

Tirschenreuth

Bamberg

Würzburg

Forchheim

Neustadt an der
Waldnaab

Weiden in der
Oberpfalz

BAYERN

Erlangen

Nürnberg
Fürth

Ansbach

Amberg

41

Schwandorf

Cham

Schwäbisch
Hall

40

Großer Brombachsee

Weißenburg in
Bayern

Kelheim

Regensburg

42

Ingolstadt

Pfaffenhofen
an der Ilm

Landshut

43

37 36

Ulm

Augsburg

Freising

Erding

Mühldorf A. Inn

44 45

Altötting

Biberach an
der Riß

Fürstenfeldbruck

31

München

Ebersberg

Starnberg

46

Marktoberdorf

Starnberger See

Miesbach
Bad Tölz

Rosenheim

Chiemsee

Salzburg

Bad
Reichenhall

sburg

shafen

Bregenz

Sonthofen

32 33

Garmisch-
Partenkirchen

Kufstein

Königssee

Kitzbühel

Innsbruck

A12

Zell am See

DURCH DEN SÜDEN

Die Seen-Tour

Kaum hat man die Bayerische Landeshauptstadt München (Seite 160) in Richtung Voralpenland verlassen, tun sich die schönsten Seenlandschaften auf: Ammersee, Wörthsee, Pilsensee, Weßlinger See und Starnberger See bilden das Fünf-Seenland, letzterer mit der hübschen Roseninsel, auf die man mit einer traditionellen Plätte übergesetzt wird. Südlich des Starnberger Sees liegt das Natur-

Einer der Osterseen

juwel der Osterseen, die in karibischem Blau wie Edelsteine funkeln. Im Winter lohnt die Fahrt auf Deutschlands höchsten Berg, um auf der Zugspitze in einem

Blumeninsel Mainau am Bodensee

Iglu-Dorf (Seite 164) zu nächtigen, wogegen man unten im Elmauer Hochtal im Kranzbach (Seite 168) im einzigen britischen Schloss der Alpen wohnt. Höchst ungewöhnlich auch, dass König Ludwigs Märchenschloss Neuschwanstein mit zauberhaften Blick auf den Forgensee einst Walt Disney so begeisterte, dass er so sein Cinderella Castle gestaltete – einige amerikanische Besucher glauben jedoch bis heute, es sei umgekehrt gewesen.

Märchenschloss Neuschwanstein

Auch der Bodensee hat Überraschendes zu bieten: Die Pfahlbauten (Seite 172) in Unteruhldingen lassen Südseeflair aufkommen, und auf dem Affenberg in Salem (Seite 174) erlebt man freilebende Primaten wie in den Bergen von Marokko. Nicht verpassen sollte man die Bodenseeinseln Mainau und Reichenau – die eine mit herrlichem Park und einem Meer an Blumen, die andere mit mittelalterlichen Kirchen von Weltrang. Den großen Bodensee von oben erlebt man während eines gemächlichen Fluges in einem Zeppelin von Friedrichshafen aus. In Ulm (Seite 176) kommt man am höchsten Kirchturm der Welt (161,53 Meter) nicht vorbei und staunt in Blaubeuren über das blaue Leuchten des Blautopfs (Seite 180).

Großartige Ausstellungen erwarten Stuttgart-Besucher sowohl in der Mercedes-Benz Welt wie auch in den Kunstsammlungen der Staatsgalerie. Deftig stärken kann man sich im Anschluss in einer der sogenannten Besenwirtschaften, die im Herbst nach der Weinernte temporär öffnen. Baden-Baden (Seite 184) wartet mit mondäner Spielcasino-Atmosphäre auf, und mit seiner besonderen Stadtanlage in 32 Fächerstrahlen lässt Karlsruhe erkennen, dass diese Struktur Ende des 18. Jahrhunderts als Vorlage für Washington D. C. diente. Von alter jüdischer Friedhofskultur erfährt man in Miltenberg (Seite 188). Im Treppenhaus der Würzburger Residenz tut sich im größten Deckenfresko der Welt (677 Quadratmeter), geschaffen 1752 von Giovanni Battista Tiepolo, ein wahrer Götterhimmel auf, während die Würzburger auf der Alten Mainbrücke den schönen Brauch des

Mercedes-Benz Museum in Stuttgart

Treppenhaus Residenz Würzburg

Brückenschoppentrinkens pflegen, bei dem Frankenwein direkt an der Brücke zum Ausschank kommt.

Rothenburg ob der Tauber gilt als Prototyp einer mittelalterlichen deutschen Stadt. Einen perfekten Blick auf die historische Dachlandschaft der Stadt erhält man bei einem vier Kilometern langen Spaziergang über die überdachte Stadtmauer. Die 46 historischen Türme in der Altstadt machen deutlich, warum Rothenburg auch als fränkisches Jerusalem bezeichnet wird. Dem steht Dinkelsbühl (Seite 192) mit seiner Turmparade mitnichten nach. In den Eco Lodges am Brombachsee wohnt man in der ersten schwimmenden Vier-Sterne-Ferienhaussiedlung Deutschlands direkt auf dem Wasser.

Einen kulinarischen Stopp auf „3 im Weggla" (drei Würstchen mit Senf im Bröt-
chen) sollte man unbedingt im Nürnberger Bratwurst Glöckl einlegen. Denn so
gestärkt kann man auf dem Monte Kaolino in Hirschau (Seite 198) perfekt auf
Sand Skifahren, über Regensburgs (Seite 200) Steinerne Brücke spazieren oder in
der Hallertau (Seite 204) erfahren, wo der Hopfen fürs Bier wächst. Abbitte für
alle Verfehlungen lässt sich dann im Wallfahrtsort Altötting (Seite 208) leisten.
Burghausen (Seite 212) trumpft mit der weltlängsten Burganlage auf (1051 Meter) und der Chiemsee (Seite 216) mit einer Schlossinsel, die Versailles Konkurrenz machen kann. Der Königssee liefert zum Abschluss eine wahrhaft könig-
liche Kulisse mit barockem Kirchlein St. Bartholomä vor Watzmann-Massiv.
Zum Almabtrieb dürfen mangels Wege auch die Kühe mit dem Boot über den
Königssee fahren. Was für ein Bild: Kühe ahoi!

Rothenburg ob der Tauber

INFO

fuenfseenland.de
neuschwanstein.de
bodensee.eu/de
zeppelin-nt.de
stuttgart.de
karlsruhe.de

wuerzburg.de
rothenburg-tourismus.de
zv-brombachsee.de
eco-lodges.de
nuernberg.de
bratwurst-gloeckl.de
berchtesgadener-land.com

31. MÜNCHEN – VERONA

Corso di Monaco

„München ist die italienischste Stadt Deutschlands", behauptete schon 1960 erstmals ein Italiener. Da bleibt für Verona nur die nördlichste Großstadt Italiens innerhalb der Staatsgrenzen. Beide sind seit mehr als 60 Jahren Partnerstädte, liegen an Isar und Etsch, haben Arenen, die als architektonische Ikonen gelten, aber vor allen Dingen sind Atmosphäre und Lebensqualität ziemlich ähnlich …

Die Julia von München

Verliebte. Glücklich Verliebte. Unglücklich Verliebte. Romantiker. Tagebuchschreiber. Einsame. Selten Suizidgefährdete. Manchmal Verrückte. Sie alle tun es. Sie schreiben einen Brief an: Julia – Verona – Italia. An jene Julia, die Shakespeare unsterblich mit der Tragödie „Romeo und Julia" in der Literaturgeschichte verankerte. Nereo Costantini schuf für sie und Verona eine Statue, die in der Casa di Giulietta an das Liebesunglück erinnert. Ihr rechter Busen ist glattpoliert. Beinahe jeder Besucher grapscht ihn ungeniert an. Wer das tut, dem wird die Liebe ewig hold bleiben. Sagt man. Woher das kommt, weiß niemand.

Szenenwechsel: München am Alten Rathaus. Auch dort wird der bezaubernden Julia ungeniert an die rechte Brust gegrapscht. Wie das Original ist auch diese Replika exakt 2,65 Meter groß und aus Bronze: Ein Geschenk Veronas an die Partnerstadt. Bei der deutschen Julia ist es neben dem Anfassen der Brust zudem Sitte geworden, der schönen Dame auch einen Strauß Blumen in ihren Arm zu legen. Was kaum einer weiß: Es gibt noch eine Kopie, ebenfalls ein Geschenk der Stadt Verona, aufgestellt im Park am Shakespeare-Platz im Stadtteil Bogenhausen. Kaum einer kommt dorthin. Schade.

1960 besiegelten die Oberbürgermeister von Verona, Giorgio Zanotto, und München, Hans-Jochen Vogel, die Städtepartnerschaft und Zanotto machte ein unsterbliches Kompliment: „München ist die italienischste Stadt Deutschlands." Im Lauf der Zeit wurde daraus: München ist die nördlichste Stadt Italiens. Die Mutation zeigt: München wurde offensichtlich mehr und mehr italienisch.

Eine der ersten Entdeckungen eines München-Besuchers ist ja, dass er zwar in die Hauptstadt des Freistaats Bayerns gereist ist, aber gleichzeitig auf die „nördlichste Stadt" Italiens trifft, was Atmosphäre und Lebensqualität angeht, aber auch all die barock bayerisch-italienische Grandezza: Die gelbe Theatinerkirche ist vor dem weiß-blauen Himmel noch immer einer der charakteristischsten und schönsten münchnerisch-italienischen Anblicke der Stadt. Verstärkt wird dieser Eindruck durch die umliegenden Bauten, die König Ludwig I. von Bayern (1786 bis 1868, nicht zu verwechseln mit Neuschwanstein-Erbauer Ludwig II.)

Das Siegestor, fast wie in Rom

bei den beiden konkurrierenden Architekten Leo Klenze und Friedrich Gärtner in Auftrag gab – unter Beachtung italienischer Vorbilder, versteht sich. Die Feldherrnhalle am Odeonsplatz, direkt neben der Theatinerkirche, erbaut 1841 von Gärtner, ist ein Abbild der Loggia dei Lanzi in Florenz. Die Ludwigstraße findet ihren Endpunkt am ebenfalls von Gärtner erbauten Siegestor. Dafür stand der römische Konstantinsbogen Pate. Und dazwischen rechts und links italienische Renaissance pur. Ludwig ließ aber auch Gemälde italienischer Künstler kaufen: Botticelli, da Vinci, Raffael, Tintoretto, Tiepolo, Tizian, Tintoretto. Sie alle sind bis heute in der Alten Pinakothek zu sehen. Der König liebte eben nicht nur sein München – sondern auch Italien.

Die im Stil des italienischen Hochbarocks erbaute Theatinerkirche

Dom und Rathaus

Und so tun es die Münchner bis heute: Sie lieben ihre Stadt – und „ihr" Italien, den Gardasee, Verona, die Toskana. Italienische Wortfetzen gehören zu „Monaco" wie das „Grüß Gott" zu Bayern: ciao, si und grazie, bella figura, buona serata, a presto. Und ganz wichtig: Ciao Bella! Die Münchner Mädchen sind meist schick und zeigen das auch – wie die Ragazze in Verona auf der Piazza Bra, dem Salon der Stadt. Und kaum strahlt die Sonne nur ein wenig oder weht der Föhn, der warme Fallwind vom Süden, der die Alpen zum Greifen nahe erscheinen lässt, sitzen sie alle draußen: auf ein paar Stühlchen vor der Bar oder auf weitläufigen Café-Terrassen. Sich im „Café Tambosi" am Odeonsplatz zu präsentieren, ist wie auf der mondänen Piazza Bra zu sitzen. Sehen und gesehen werden, palavern und gestikulieren, Sonnenbrille und Polokragen hochgestellt, Prosecco und Cappuccino – mit schöner Aussicht auf Platz, Po und Porsche. Eine Vespa fährt vorbei, der Fahrer trägt einen grün-weiß-roten Helm. Die Ferrari sind natürlich knallrot und die BMW gerne Cabrios.

Rund 27.000 Italiener leben in München – plus Deutsche mit italienischem Migrationshintergrund. Die ersten kamen 1955 mit Zügen. Die jungen Männer aus Süditalien wurden angeworben. Und sie brachten Spaghetti mit, Olivenöl und Parmesan. Viele von ihnen besitzen heute die deutsche Staatsbürgerschaft, aber auch Gelaterie oder Ristorante. Etwa 500 italienische Restaurants soll es in der Stadt geben, von der Billig-Pizzeria bis zum „Acquarello" – Mario Gamba hält seit 2000 einen Michelin-Stern. Und es scheint so, als ob jeder in München seinen Stamm-Italiener habe: Da geht man nicht ins „Sole", sondern zu Mauro, dem Wirt. Selbstredend kennt man auch alle Kellner beim Namen.

Andererseits kommen jährlich mehr als 500.000 Italiener nach München. Auf dem Oktoberfest gibt es sogar das Italiener-Wochenende. „Birra" (und zwar „Augustiner"!) lieben sie, die Brezn sind so wunderbar anders, der Englische Garten eine Augenweide, die Eisbach-Surfer wilde Sportler. Auch den FC Bayern könnten sie gut gebrauchen in Verona, weil sie Turin

Italiener lieben die Wiesn

und Mailand so gar nicht mögen und weil es für Hellas Verona nur zur Mittelklasse reicht. Aber die Bayern würden es denen schon zeigen in der Allianz-Arena. Und die Münchner haben ja noch eine architektonische Stadion-Ikone: das altehrwürdige Olympiastadion – fast so schön wie die 2000 Jahre alte Arena di Verona, in der die Arien geschmettert werden. Da können die Klassik-Konzerte auf dem Odeonsplatz nicht ganz mithalten.

Die Italiener bewundern, dass bei den Deutschen alles funktioniert und die Deutschen beneiden die Italiener um ihre Leichtigkeit. Das ist wohl seit Goethes italienischer Reise und „Kennst du das Land, wo die Zitronen blühn?" so. Oh ja, dieses wunderbare Italien kennt man sehr gut – auch in München ...

INFO

München, Bayern – 1.472.000 Einwohner

Aktivitäten: Surfen am Eisbach, *eisbachwelle.de*

Museum: *pinakothek.de*

Restaurants:
- Café Tambosi: Szene-Café mit Speisekarte und Italo-Flair; Hauptgerichte 18 bis 25 EUR; Odeonsplatz 18, 80539 München, Tel. 089 23069360, *tambosi-odeonsplatz.de*
- Eataly: mehrere Ristorante unter dem Dach der Schrannenhalle plus wunderbare italienische Feinkostläden, Marktatmosphäre; Hauptgerichte 10 bis 22 EUR; Viktualienmarkt 15, 80331 München, *eataly.net*
- Acquarello: ein Michelin-Stern; Hauptgerichte 26 bis 48 EUR; Mühlbaurstraße 36, 81677 München, Tel. 089 4704848, *acquarello.de*

Unterhaltung: italienische Filme, Ausstellungen, Lesungen, Konzerte im Istituto Italiano di Cultura, *iicmonaco.esteri.it/iic_monaco/de*

Unterkunft:
- Gio la dolce Vita Hotel: cooler Stil trifft italienische Atmosphäre; DZ ab 110 EUR; Häberlstraße 9, 80337 München, Tel. 089 59993901, *hotel-gio.de*

Veranstaltung: Oktoberfest; das zweite ist das Italiener-Wochenende, *oktoberfest.de*; *klassik-am-odeonsplatz.de*

Website: *muenchen.de*

32. ZUGSPITZE – ILIMANAQ

Eiskalt berechnet

Einmal in einem Iglu schlafen. Wie die Inuit in Grönland. Muss das romantisch sein! Allerdings nächtigen selbst die Inuit schon seit den 1950er-Jahren nicht mehr im Iglu, sondern in richtigen Häusern. In Ilimanaq an der westgrönländischen Küste steht allerdings noch ein touristisch genutztes Iglu-Dorf. Das gibt es jedoch auch auf der Zugspitze in 2600 Metern Höhe, Whirlpool und Fondue inklusive …

Diese Stille … Sie ist durchdringend, geradezu unheimlich. Ein paar Minuten nach dem Einchecken und den ersten kindlich-aufgeregten „Schau mal hier!" (die Eisschnitzereien, von LED-Lampen in Szene gesetzt) oder „Guck mal dort" (die Minibar ist in die Wand gehauen) hört man intuitiv auf zu reden. Dann hört man fast andächtig der Stille zu … Ruhe. Vollkommene Ruhe … Bis der Magen knurrt und es zum Dinner ins Restaurant-Iglu geht, wo man auf kuscheligen Fellen im Anorak sitzt und sich über ein Käsefondue hermacht.

Hereinspaziert …

... in die Iglu-Welt aus Schnee und Eis

Am nächsten Morgen stahlblauer Himmel auf 2600 Metern: Das Iglu-Dorf Zugspitze bietet einen atemberaubenden Blick auf die Alpen von vier Ländern. Und es gibt Fragen. Viele Fragen: Schnee aufhäufen, aushöhlen, festklopfen und fertig ist das Iglu? „Nein, nein, so einfach ist die Sache nicht", sagt Iglu-Bauer Benno. Mit seiner schwarzen Sonnenbrille sieht er aus wie einer der „Men in black" im Schnee. Doch Benno jagt keine Außerirdischen, sondern baut Iglus – und zwar ziemlich schnell: mit drei Helfern in 90 Minuten pro Iglu. „Wir bauen ja ein ganzes Dorf und die Saison ist kurz ...". Seit 2005 wird die Zauberwelt aus Schnee und Eis auf der Zugspitze Winter für Winter neu gebaut.

Während ein Inuit mit Schneeblöcken arbeitet, ähnlich wie Ziegel auf Ziegel, und so der Iglu-Bau etwas sechs Stunden dauert, bläst Benno, vereinfacht gesagt, einen Ballon auf, fräst ihn mit Schnee zu und lässt dann die Luft raus. Die Iglu-Wände sind um 1,50 Meter dick. Sie sorgen für eine Innentemperatur von null bis plus vier Grad. Im Vergleich mit den Außentemperaturen

Im Iglu-Restaurant

Saunaspaß nebst Abkühlung

können bis zu 50 Grad Differenz bestehen und im Iglu sind Unterschiede von minus sechs auf Boden- bis plus vier Grad auf Kopfhöhe möglich.

Gut 30 Grad mehr hat der Freiluft-Whirlpool. Der Dampf steigt hoch wie eine Fumarole und das Abkühlen der nackten Haut im frischen Schnee kribbelt, als seien tausend Ameisen unterwegs. Knapp zwei Meter hoch türmt sich der Schnee

Whirlpoolgenuss

ums Jacuzzi. Manchmal schneit es so viel, dass die Iglu-Konturen nicht mehr auszumachen sind. „Einmal fuhr sogar eine Pistenraupe übers Iglu. Ist aber nichts passiert!", erzählt Benno. Insgesamt liege das Restrisiko für eine Einsturzgefahr bei vielleicht einem Prozent, etwa wenn es zu einem plötzlichen Wärmeeinbruch mit starkem Regen kommt. Doch dann wird jedes Iglu-Dorf sofort geschlossen, egal wo.

Wenn es ins Bett geht, brennen zwei Kerzen und auf den Schneebetten, Thermomatratzen und Lammfellen liegen vorgewärmte Schlafsäcke. „Ich habe in meinem Berufsleben nur einmal verschlafen", sagt Benno. „Das war in einem Iglu ..." Das Spannendste an einer Nacht im Iglu ist tatsächlich nicht die Dunkelheit, da Schnee ganz schön lichtdurchlässig ist, sondern die vollkommene Stille. Und frieren kann man woanders. Im Iglu sicher nicht.

Und nach dem Besuch der Bar ...

... herrlich schlafen

INFO

Zugspitze, Bayern

Aktivitäten: Iglu unter Anleitung selbst bauen

Unterkunft:
• Iglu-Dorf Zugspitze: mit Thermomatten und Expeditionsschlafsäcken (bis minus 40 Grad), Whirlpool, Sauna; DZ ab 210 EUR; *iglu-dorf.com*

Website: *zugspitze.de*

33. KRANZBACH – KEDLESTON HALL

Schweigen im Walde

Das Kranzbach in Oberbayern ist das einzige britische Schloss in den Alpen. Mit seinen typischen Treppengiebeln im Tudor-Stil erinnert es an ein natursteingemauertes Nobellandhaus inmitten des abgelegenen Elmauer Hochtals. Hier wollte die britische Aristokratin und Geigerin Mary Portman ein Refugium für sich und ihre Musikerfreunde schaffen. Heute ist es ein Erholungsort für Wellness-Urlauber.

Landschaftsbühnen haben schon seit jeher Könige und Künstler in ihren Bann gezogen. So war es denn auch König Ludwig II., der das wildromantische Elmauer Hochtal 1870 aus dem Dornröschenschlaf holte, um hier eine Straße für den Bau seines exotischen Jagdhauses in orientalischer Märchenpracht am Schachen zu errichten. Bis heute ist das Tal nahezu unverbaut und man wandert durch saftige Almwiesen und üppige Wälder, sodass man fast meinen könnte, man sei in den unberührten Weiten ganz allein unterwegs. Die wenigen Anwesen, die man hier versteckt vorfindet, sind allesamt kostbare Kleinode. Auf dem Weg von Klais hi-

Optisch im Hang verborgen: der Neubau

nauf zur 1866 Meter hoch gelegenen Schachenalpe reihen sich entlang des naturbelassenen Kranzbaches die beiden Luxusresorts Das Kranzbach und Schloss Elmau sowie König Ludwigs Schachenschloss wie Juwelen auf einer Kette.

Das Mary Portman Haus

Ungewöhnlich wirkt vor allem das Kranzbach, denn es ist bis heute das einzige britische Schloss in den Alpen. Seine Entstehung verdankt es einer außergewöhnlichen Frau: Mary Isabel Portman, die für die damalige Zeit ein recht unangepasstes Leben führte. Die britische Aristokratin war 1913 mit der Pferdekutsche in dem geschützten Seitental etwa 15 Kilometer östlich von Partenkirchen unterwegs,

als sie auf einem Plateau anhalten ließ, um die sogenannte Goldene Runde aus Karwendelmassiv, Wettersteingebirge und Zugspitze zu bestaunen. Als sie zurückkam, war der Entschluss gefasst, hier ihren noblen Landsitz im Tudor-Stil zu bauen. Marys Familie gehörte schon damals zu einer der reichsten in England und verfügte über die finanziellen Mittel, Marys Pläne von ihrem eigenen Schloss in den Alpen wahr werden zu lassen. Die britische Adelige war als talentierte Geigerin zum Studium nach Deutschland gekommen. Ihre Violine vom Geigenbauer Giuseppe Guarneri del Gesu befindet sich heute im Besitz der Stradivari-Gesellschaft und trägt den Namen „Mary Portman".

Winterliches Poolvergnügen

Von der Bar ...

... an den Kamin

Bereits Ende des 19. Jahrhunderts war Partenkirchen bei Engländern in Mode, lag es doch auf direkter Route nach Italien, dem obligatorischen Reiseziel junger Bildungsbürger und Aristokraten. Für einen elitären Kreis von Künstler- und Musikerfreunden wollte Mary Portman deshalb ihr nobles Landhaus als kulturellen Treffpunkt inmitten der Bergeinsamkeit entstehen lassen. Für diesen in Bayern einmaligen Landsitz beauftragte sie die bekannten englischen Architekten Detmar Blow und Fernand Billerey, die Pläne in der Stilrichtung der Arts-and-Crafts-Bewegung entwarfen. Die ganze Anlage ist symmetrisch nach Westen bis hin zu den beiden etwa 150 Meter entfernt gelegenen Torhäusern (den ehemaligen Chauffeur- und Garagenhäusern) direkt zur Zugspitze hin ausgerichtet. Mit seinen Treppengiebeln und dem unverputzten Bruchsteinmauerwerk ist die architektonische Reminiszenz an englische Traditionen bis heute nicht zu übersehen.

Ein mögliches Vorbild für Kranzbach sehen Kunsthistoriker in der
Kedleston Hall in der Nähe der
mittelenglischen Stadt Derby, die in
der Anordnung der Baukörper und
der Funktion der Räume nahezu mit
Mary Portmans Landsitz überein-
stimmt. Das Anwesen gehört heute
dem National Trust, einer gemein-
nützigen Organisation, die sich für
den Erhalt historisch bedeutender
Gebäude einsetzt. Auf der Kranz-
bachwiese wurde Marys Traum vom

Urlaubsrefugium im Torhaus

Künstlerdomizil in den Alpen jedoch nie Wirklichkeit. Denn mit Beginn des
Ersten Weltkriegs kehrte sie nicht mehr nach Deutschland zurück und hat ihr
fertiges Domizil vermutlich nie gesehen.

Seit 2003 ist das Kranzbach ein Wellness-Refugium, wofür das denkmalgeschütz-
te Mary Portman House moderne Gebäudeerweiterungen mit Gartenflügel
und Badehaus bekam. Diese mussten so angeordnet werden, dass man sie von
den wichtigsten Perspektiven aus nicht sehen konnte, weshalb man sie in der
bestehenden Hangkante geschickt fast unsichtbar verschwinden ließ. Bis heute
herrscht im Anwesen die Atmosphäre eines englischen Landsitzes ohne jeglichen
Plüsch, aber mit etlichen Kaminräumen sogar im Spa-Bereich. Das Kranzbach
profitiert dabei von dem, was es nicht hat: keine direkt vorbeiführende Straße,
keine Nachbarn, kein öffentliches Restaurant und keine öffentlichen Veranstaltungen. Beim Schneeschuhwandern ist es hier bisweilen es so still, dass man
sogar das Fallen der Schneeflocken hören kann. Kein Wunder, schließlich wurde
hier auch der berühmte Ganghofer-Roman „Das Schweigen im Walde" verfilmt.

INFO

Krün/Klais, Bayern – 1918 Einwohner

Unterkunft:
- Das Kranzbach: Vier-Sterne Superior Wellness Resort, verschiedene Zim-
  merkategorien im historischen Haus oder im modernen Gartenflügel; DZ
  mit erweiterter Halbpension und Aktivprogrammen ab 370 EUR; Kranzbach 1, 82493 Klais, Tel. 08823 928000

Website: *daskranzbach.de*

---

34. UNTERUHLDINGEN – MOOREA

Auf Paradiessuche

Nicht nur in der Südsee hat das Wohnen in palmengedeckten Stelzenbauten auf dem Meer eine lange Tradition und zählt heute für Pazifikbesucher zu den besonders kostspieligen Traumunterkünften. Pfahlbaudörfer auf dem Wasser gab es in der Stein- und Bronzezeit auch am Bodensee, wo eine spektakuläre Rekonstruktion im Freilichtmuseum Unteruhldingen zu den größten Attraktionen des Sees gehört.

Mit Ukulele-Klängen und Aloha-Gesängen im Kopf blickt man erwartungsvoll auf lange Holzstege, die hinaus aufs Wasser führen, wo sich eine Ansammlung einfacher Holzhüttchen auf Stelzen befindet. Auf den ersten Blick könnte man fast meinen, in der Südsee gelandet zu sein. „Bora Bora des Bodensees" nennt Professor Gunter Schöbel das zauberhafte Panorama dieser 23 originalgetreuen Hausrekonstruktionen aus der Stein- und Bronzezeit deshalb auch. Schöbel ist Archäologe und Museumsdirektor des Pfahlbaumuseums Unteruhldingen und erklärt, warum es die Stelzenbauten auf dem Wasser nicht nur in der Südsee gab: „Sie boten Schutz gegen wilde Tiere, Hochwasser oder plötzlich auftauchende Feinde und waren ein günstiger Ausgangspunkt für den Fischfang. Auch brauchte man den Siedlungsplatz nicht erst aufwendig aus dem damals dichten Eichenmischwald zu roden."

Entdeckt hatten Fischer vom Bodensee die Relikte der einstigen Siedlungen in den 1860er-Jahren, als sich ihre Netze in den Pfahlresten am Grund verfingen.

Pfahlbauten im Bodensee

Mittels naturwissenschaftlicher Untersuchungen von Pflanzen- und Pollenresten sowie einer Radiokarbonmessung am Bauholz ließ sich das Alter der Siedlungen, die heute UNESCO-Weltkulturerbe sind, relativ genau bestimmen, denn unter Sauerstoffabschluss hatten sich Reste der Häuser im Seeboden über Jahrtausende hinweg erhalten.

Unterwasseranimation im Museum

Auch die frühen polynesischen Siedler errichteten ihre Pfahlbauten, schon lange bevor James Cook sich zum Entdecker ihrer Inseln aufschwang, meist nahe an fischreichen Pässen zwischen Lagune und Ozean wohl auch, um von Mücken und Malaria verschont zu bleiben. Auf Moorea, der kleinen Schwester von Tahiti, bescherten den Stelzenbauten über dem Wasser dann in den 1960er-Jahren drei Aussteiger-Yuppies aus Kalifornien ein spektakuläres Revival. Sie verglasten ein Geviert unterm Couchtisch ihrer Hüttchen auf dem Wasser zum Fischebeobachten, tauften ihr Hotel Bali Hai und warteten auf Touristen. Als Bali-Hai-Boys wurden Jay Carlisle, Hugh Kelley und Don „Muk" McCallum bald als Erfinder des Overwater-Bungalows bekannt, der schnell nicht nur in der ganzen Südsee Furore machte. Von den schlichten Anfängen ist heute nicht mehr viel geblieben, denn die schwimmenden Bungalows großer Hotelketten sind längst mit allem erdenklichen Luxus ausgestattet. Einzig nahe Haapiti präsentiert man im Tiki Village für Touristen noch den Nachbau eines alten polynesischen Dorfes, um an alte Bräuche und die ursprüngliche Kultur der Gesellschaftsinseln zu erinnern.

In Europa gibt es immerhin mehr als 2000 Fundorte steinzeitlicher Stelzenbauten in Seen und Mooren, wovon die Pfahlbauten am Bodensee, der wegen seiner Größe gern auch Schwäbisches Meer genannt wird, besonders fotogen sind. Ein so einträgliches Tourismusgeschäft wie in der Südsee aus pittoresken Unterkünften auf dem Wasser zu machen, kam hier jedoch bislang noch niemand.

INFO

Uhldingen, Baden-Württemberg – 8032 Einwohner

Museum: Pfahlbauten Freilichtmuseum und Forschungsinstitut, Strandpromenade 6, 88690 Unteruhldingen, Tel. 07556 928900

Website: *pfahlbauten.de*

35. SALEM – MAROKKO

Berg der Affen

Wer nicht bis in die Gebirgsregionen von Marokko reisen will, um dort die bekannten Berberaffen zu sehen, für den lohnt sich ein Besuch auf dem Affenberg von Salem, dem größtem Affenfreigehege Deutschlands. Weil die Population der Berberaffen inzwischen weltweit bedroht ist, wurden bereits einige der ebenfalls wildlebenden Affen aus Salem wieder in ihre ursprünglichen Heimatgebiete ausgewildert.

Plötzlich raschelt Laub in den Baumkronen und zwei graubraune Fellknäuel turnen geschwind durch die Wipfel. Im dichten Fichten- und Buchenwald im süd-badischen Salem in der Nähe des Bodensees würde man kaum vermuten, dass sich gleich vor einem mit Gebrüll zwei Berberaffen auf einer sonnigen Lichtung balgen. In dem fast 20 Hektar großen Park tummeln sich laut Roland Hilgartner, dem Direktor des Affenbergs Salem, ungefähr 200 freilebende Berberaffen. Zwar ist das hügelige Areal eingezäunt, aber weder Gitter noch Gräben, wie in den meisten Zoos üblich, trennen die Besucher von den Tieren. Stattdessen spazieren die Gäste auf einem 1,5 Kilometer langen Rundweg direkt durch das Heimgebiet der aufgeweckten Tiere, die an Menschen längst gewöhnt sind.

Gewöhnen mussten sich die Berberaffen allerdings erst daran, dass die Besucher in Corona-Zeiten plötzlich Mundschutz tragen und Abstand halten, schließlich hat die Forschung herausgefunden, dass sich auch Affen mit dem Virus infizieren können, selbst wenn bei ihnen der Verlauf nur leicht sein soll. Dass sie aber nun auf das speziell zubereitete, gratis ausgeteilte Popcorn verzichten müssen, das ihnen die Leute sonst immer mitgebracht haben, passt ihnen gar nicht. Zu bestimmten Zeiten finden jedoch moderierte Fütterungen statt, bei denen man Spannendes aus dem Leben der Affenbergbewohner erfahren kann. Wer aufmerksam zuhört, kann danach ihre Verhaltensweisen richtig deuten. Während der Rang der Weibchen angeboren ist, müssen die Männchen ihre Position erst hart erarbeiten. Ein gutes Netzwerk mit vielen ranghohen Unterstützern ist dabei notwendig, um ein Alpha-Männchen zu werden. Das Zeigen der langen Eckzähne hinterlässt jedenfalls bleibenden Eindruck bei der Konkurrenz.

Weil die Berberaffen aber auch auf dem Affenberg Wildtiere sind, dürfen sie nicht gestreichelt werden. Für die Tiere käme das einem Angriff gleich, auf den sie mit Kratzen oder Beißen reagieren könnten. Auch mit Abstand ist es ein einzigartiges Erlebnis, die vom Aussterben bedrohten Tiere das ganze Jahr über freilebend im Wald treffen und sie in ihrem natürlichem Verhalten beobachten zu können.

Berberaffe aus nächster Nähe

Ursprünglich stammen die meisten Affen aus Marokko, wo sie im Gebirge mit Höhen von oft mehr als 2000 Metern leben. Da sie an das raue Klima ihrer Heimat perfekt angepasst sind, haben sie im Winter auch bei uns keine Probleme.

Der 1976 gegründete Park sieht sich längst auch als Arche Noah für diese bedrohten Wildtiere, deren weltweiter Bestand auf weniger als 8000 Tiere geschätzt wird. Vieles, was man über ihr Verhalten weiß, stammt von Forschungsarbeiten aus Salem. Wegen optimaler Haltungsbedingungen unterscheiden sich die Berberaffen vom Bodensee im Verhalten kaum von ihren Artgenossen in freier Wildbahn. Ein Grund, weshalb mit der Berberaffenpopulation auch ihr genetischer Pool erhalten bleibt und einige Tiere auch für Auswilderungsprojekte in ihre ursprüngliche Heimat in Frage kommen. So wurde 1986 eine ganze Gruppe aus Salem wieder ins Freiland in Nordafrika ausgesiedelt.

INFO

Salem, Baden-Württemberg – 11.410 Einwohner

Aktivitäten: *affenberg-salem.de*

Website: *salem-baden.de*

36. ULM – YAMOUSSOUKRO

Einfach der Größte

Rouen in Frankreich 1877, Köln drei Jahre später, dann kam Ulm: Seit 1890 steht der höchste Kirchturm der Welt an der Donau. Mit 161,53 Metern überragt der streng gotische Bau alle anderen Sakralbauten. Gleichzeitig ist das Ulmer Münster die zweitgrößte Kathedrale Deutschlands nach dem Kölner Dom. Wer die zweithöchste Kirche dieser Welt sehen möchte, muss allerdings an die Elfenbeinküste …

„Zeit ist das, was man an der Uhr abliest", sagte Albert Einstein und wusste, dass die Zeit nicht so einfach in den Griff zu bekommen ist: „Wenn man zwei Stunden mit einem netten Mädchen zusammensitzt, meint man, es wäre eine Minute. Sitzt man jedoch eine Minute auf einem heißen Ofen, meint man, es wären zwei Stunden." In Ulm, der Stadt in der Einstein 1879 geboren wurde, hatte man jedenfalls Zeit, viel Zeit sogar: Der Bau des Ulmer Münsters wurde 1377

Münster und gläserne Pyramide

Weltrekordhöhe mit 161,53 Metern

begonnen, aber erst 1890 vollendet. Das sind mehr als 500 Jahre! Was zur Folge hatte, dass aus dem ursprünglich als katholisches Gotteshaus errichteten Münster nach Einführung der Reformation 1529 die bis heute größte protestantische Kirche Deutschlands wurde. Die Ulmer traten im Zuge einer namentlichen Abstimmung zum evangelischen Glauben über. Dem folgenden sogenannten Bildersturm fielen über 60 Altäre, darunter auch der Hauptaltar im Münster, zum Opfer. Beim Fliegerangriff auf Ulm am 17. Dezember 1944 wurde die Kathedrale allerdings kaum beschädigt, obwohl fast sämtliche anderen Gebäude am Münsterplatz schwer getroffen wurden.

Das Gebäude ist 123 Meter lang, 48 Meter breit und bedeckt eine Fläche von 8260 Quadratmetern. Es ist ausgelegt für 2000 Sitzplätze. Im Mittelalter bot es sogar Platz für 20.000 Menschen, da es damals üblich war, während des Gottesdienstes zu stehen. Das Hauptportal besticht mit einer Darstellung der Schöpfungsgeschichte. Die Fenster im Chor stammen zum Teil noch aus dem 15. Jahrhundert. Das Chorgestühl, mit Hunderten von aus Eichenholz geschnitzten

Der Bau dauerte mehr als 500 Jahre.

Figuren, ist eines der berühmtesten und schönsten Gestühle der deutschen Gotik. Im Hauptturm befinden sich 13 Glocken, von denen zehn geläutet werden können. Die Gloriosa ist mit knapp zwei Metern Durchmesser und einem Gewicht von etwa fünf Tonnen die größte, schwerste und am tiefsten klingende Glocke. Herr am Hauptschalter fürs Glockengeläut ist der Turmwart. Auf 70 Metern Höhe hat er sogar eine holzvertäfelte Türmerstube.

Blick aus 143 Metern Höhe

Auch die wichtigste Zahl betrifft den Hauptturm und bringt einen Weltrekord mit sich: Das Münster hat mit 161,53 Metern Höhe den höchsten Kirchturm der Welt, der über 768 Stufen bis zu einer Höhe von 143 Metern bestiegen werden kann. Bis 1880 war es der Turm der Kathedrale von Rouen, bis 1890 der Kölner Dom mit 152 beziehungsweise 157 Metern. Wer heutzutage die zweithöchste Kirche dieser Welt besuchen möchte, muss allerdings an die Elfenbeinküste reisen: Die Basilika „Unserer lieben Frau des Friedens" in der Hauptstadt Yamoussoukro kommt mit Laterne und Kuppelkreuz auf 158 Meter. Sie entstand erst 1985 bis 1988 und ist dem Petersdom in Rom nachempfunden.

In allen vier Städten steht alles im Angesicht der Dimensionen im Schatten der Kirchen: in Ulm der alte Marktplatz mit dem gotischen Rathaus oder die Neue Mitte mit der gläsernen Bibliotheks-Pyramide, ob Stadtmauer oder Schiefes Haus, zu dem Einstein gesagt haben soll: „Ob grad', ob schief – 's ist doch alles relativ ..."

INFO

Ulm, Baden-Württemberg – 126.000 Einwohner

Veranstaltungen: Konzerte im Münster, *ulmer-muenster.de*

Website: *tourismus.ulm.de*

---

37. BLAUBEUREN – CHICHÉN ITZÁ

Das blaue Leuchten

Seine überirdisch schöne Färbung hat dem Blautopf in Blaubeuren zu seinem Namen verholfen. In den 1980er-Jahren entdeckten Taucher in der Karstquelle ein weitverzweigtes unterirdisches Höhlensystem. Hier eröffnete sich eine Wunderwelt von Unterwasser- und Trockenhöhlen, wie es sie sonst nur in Mexikos Cenoten auf Yucatán gibt, die schon Mayas als Kultstätten und Trinkwasserspeicher nutzten.

Blickt man in den herrlichen Quelltrichter des Blautopfs, ist es fast so, als schaute einem die Erde aus ihrem tiefsten Inneren mit einem unendlich blau leuchtenden

Mystisches Leuchten: der Blautopf

Auge an. An magischen Plätzen wie diesen sind Mythen und Märchen immer ganz nah. Eine Geschichte von Eduard Mörike erzählt von der Wassernixe Lau, die am Blautopf wieder das Lachen lernte. Ihr Ehemann hatte die Kinderlose vom Donaudelta nach Blaubeuren verbannt, wo sie die heiteren Anwohner mit dem Zungenbrecher „'s leit a Klötzle Blei glei bei Blaubeura, glei bei Blaubeura leit a Klötzle Blei" schnell zum Lachen brachten, sodass die Nixe vom Bann befreit schwanger nach Hause zurückkehrte.

Heute weiß man, dass für das Mysterium des blauen Leuchtens winzige Kalkpartikel im Wasser verantwortlich sind, die das Licht unterschiedlich stark reflektieren. Doch die wunderschöne blaue Farbe war nicht das einzige Geheimnis, das im Wasser der größten Karstquelle Deutschlands verborgen war. Der Regen sammelt sich auf der Schwäbischen Alb nicht in Flüssen, sondern versickert im Untergrund, denn der Höhenzug war vor 150 Millionen Jahren der Grund eines

Café am Blautopf

Meeres, und was heute davon übrig blieb, ist Kalkgestein. Innerhalb des Bergmassivs gibt es deshalb weitverzweigte Höhlensysteme, die je nach Wasserspiegel unterirdische Flüsse führen oder zwischenzeitlich zu Trockenhöhlen werden. Zwei Münchner Tauchern war es 1957 erstmals gelungen, bis zum 22 Meter tiefen Grund des Blautopfes und damit zum Eingang zur Blautopfhöhle vorzudringen.

Nur für Forscher zugänglich ...

Auf dem Weg in die Unterwelt entdeckten Forscher um Jochen Hasenmayer 1985 eine riesige 40 Meter hohe, mit Luft gefüllte Höhlenhalle voller Tropfsteine, die vorher noch nie ein Mensch betreten hatte. Hasenmayer nannte sie den Mörikedom. Später folgte mit Apokalypse eine weitere Tropfsteinkathedrale. Einen anderen Raum mit Marderknochen nannten die Forscher Friedhof der Kuscheltiere, weil hier wohl Marder durch Spalten von außen abgerutscht waren. Auch Menschenknochen und Tonscherben fand man im Höhlensystem, die darauf hindeuten, dass hier einst auch ein Kultplatz war. Ganz so wie in den bekannten Cenoten in Mexiko auf der Yucatán-Halbinsel. Etwa 5000 dieser Karsthöhlen sind auch für Touristen zum Schwimmen und Tauchen zugänglich. Im Dschungelidyll ist wegen ihres Bewuchses aus hängenden Lianen die Cenote Ik'kil nahe Chichén Itzá eine der bekanntesten und beliebtesten.

Das Höhlensystem des Blautopfs ist hingegen bislang nur für Forscher zugänglich, aber vielleicht wird sich das bald ändern. In den Höhlen der Region finden Touristen bislang zahlreiche Alternativen, selbst einmal auf Erkundung zu gehen. Als kleine Sensation gilt jedoch jetzt schon ein erster trockener Zugang ins Blautopfhöhlensystem, der 2010 freigelegt wurde. Damit können sich die Forscher nun erstmals den gefährlichen Tauchgang zum Mörikedom sparen. Stairways to Heaven haben sie deshalb den neuen Einstieg genannt.

... ist bislang das Höhlensystem des Blautopfs.

INFO

Blaubeuren, Baden-Württemberg – 11.912 Einwohner

Websites:
- *blaubeuren.de*
- *blauhoehle.org*
- *hoehlenverein-blaubeuren.de*
- *blauhoehle.de*

38. BADEN-BADEN – MONACO

Wo zum Kuckuck ...

... sind denn die Traditionen im Kurort Baden-Baden geblieben? Mehr Neureich als Geldadel, moderne Kunst statt Kurkonzerte. Doch halt! In Baden-Badens Casino mit seiner mehr als 200-jährigen Geschichte spürt man noch das Flair der Belle Epoche in den Prunksälen. Marlene Dietrich sagte, es sei die schönste Spielbank der Welt. Und Fjodor Dostojewski verlor darin sein Vermögen.

„Faites vos Jeux!" – ein besseres Klischee für Baden-Baden existiert wohl nicht. Gibt sich das von klassizistischen Bauten geprägte Städtchen an der Oos doch so elegant wie seine Spielbank: grün wie der Roulette-Tisch, glamourös wie die Kronleuchter im Florentiner Saal, stilvoll wie die im Smoking gewandeten Croupiers.

Seit mehr als 200 Jahren rollt leise die Kugel. 1855 schuf Edouard Bénazet die Prunksäle, die man gar nicht Spielsalons nennen möchte. Dostojewski verlor im Florentiner Saal sein ganzes Vermögen, Tolstoi erging es unwesentlich besser. Kaiser, Könige und Künstler, Maharadschas, Mogule und Mätressen, Prinzen,

Kurhaus in Baden-Baden

Faites vos Jeux!

Potentaten und Prälaten: Geld und Macht spielten in diesem Casino, der größten Spielbank Deutschlands. Sie flanierten, kutschierten, dinierten und zockten in Baden-Baden, das zu einem „Must" der gehobenen Gesellschaft von der Zeit der Reiseromantik des 19. Jahrhunderts über die Belle Époque bis heute wurde. Wen wundert es da, dass erst 1989 das verruchte Poker-Spiel Einzug gehalten hat in Baden-Baden, der Stadt mit rund 500 Euro-Millionären, die mondäne Verschlafenheit und brave Nostalgie kombiniert zur kleinsten Weltstadt, auf sieben Hügeln gebaut wie Rom und jüngst zum Weltkulturerbe ernannt.

Marlene Dietrich beschrieb Baden-Baden als „schönstes Casino der Welt: Ich muss es wissen, denn ich kenne sie alle". Die Diva war ja auch in Monte Carlo, dessen Casino zuweilen als noch mondäner gehandelt wird, wahrscheinlich aber auch nur wegen des höheren Promi-Faktors im Fürstentum Monaco und der nahen Côte d'Azur …

So bescheiden das Entree innerhalb des Kurhauses, so bezaubernd wirkt das Baden-Badener Spielerparadies mit seinem Innenleben. Der Wintergarten ist in weißem Marmor gehalten. Der Rote Saal, dessen Wände mit roter Seide bespannt sind, hat sein

Kutschieren, dinieren, zocken

Der Rote Saal im Casino

Vorbild im Barockschloss von Versailles. Der Florentiner Saal, manchmal Saal der tausend Kerzen genannt, diente früher auch als Ballsaal, wobei das Orchester in einer Muschel spielte, die von der Decke herabschwebte. Und im angrenzenden Amerikanischen Saal wird Poker gespielt – in verschiedenen Versionen und auf hohem Niveau.

Mit zwei Euro Mindesteinsatz geht es los an den 19 Tischen, und obgleich doch alles so ruhig abläuft, hängt jeden Abend eine geradezu knisternde Spannung in den Sälen. Neulinge sollten zunächst den Spielerklärungen lauschen, die jeden Tag vor Spielbetrieb für jedes Spiel angeboten werden, dann ein Limit setzen und auch nicht mehr Geld mitnehmen. Das Tragen von Hemd und Sakko für Herren ist obligatorisch und eine Krawatte erwünscht. Beim Roulette, Black Jack oder Baccarat freut man sich über zehn Euro Gewinn, ärgert sich nach 50 Euro Verlust. Und nicht nur manchmal hängt beim Großen Spiel am Gewinn oder Verlust auch noch die eine oder andere Null dran …

INFO

Baden-Baden, Baden-Württemberg – 55.000 Einwohner

Unterkunft:
- Brenners Park-Hotel: Ein passenderes Hotel zum Casino (in fünf Minuten zu Fuß ist man dort) gibt es nicht. Eines der besten Hotels Europas mit Top-Restaurant und Top-Spa; DZ ab 450 EUR; Schillerstraße 4, 76530 Baden-Baden, Tel. 07221 900890, *oetkercollection.com/hotels/brenners-park-hotel-spa*

Websites:
- *baden-baden.de*
- *casino-baden-baden.de*

39. MILTENBERG – JERUSALEM

Verwunschen, verwildert ...

... aber nicht vergessen! Ganz im Gegenteil: Der Alte Jüdische Friedhof von Miltenberg ist den berühmten großen Pendants von Jerusalem oder auch Berlin und Prag in vielem voraus. Per QR-Code bekommt man Zugriff auf eine Dokumentation mit Lageplan und allen Grabinschriften. Ein Platz voller Ruhe und Anmut, ein Ort zum Innehalten und eine Oase, die man meistens ganz für sich allein hat.

„Wozu braucht ein Friedhof einen Zaun? Wer drin ist, kommt nicht mehr heraus, und wer draußen ist, will nicht hinein!", sagte Mark Twain. Das Törchen zum Alten Jüdischen Friedhof in Miltenberg ist brusthoch und keine wirkliche Barriere. Aber es trennt das Drinnen vom Draußen und den Tod vom Leben. „Für uns ist dieser Ort Beth Olamin, das Haus der Ewigkeit", sagt Oded Zingher vom Verein Jüdisches Leben in Unterfranken. „Und es ist Beth Chaim, das Haus des Lebens. Denn nach dem Tod kommt ja erst das gute Leben ...".

Oded Zingher in Miltenberg

Miltenberg ist nicht groß, eine mittelalterliche Fachwerkhausstadt, von Stadtmauer und Tortürmen umschlossen. Der Main fließt gemütlich dahin, und mit fränkischer Gelassenheit hält man sich an die mainfränkische Weisheit: „Wo Wein wächst, da kann man auch leben".

Der Alte Jüdische Friedhof liegt zwar außerhalb der Stadtmauer, aber zur City sind es keine hundert Meter. Trotzdem ist plötzlich der Lärm weg, dieses urbane Grundbrummen, das einem ja immer erst dann auffällt, wenn es weg ist und man von einer Oase der Stille vereinnahmt wird. Dort, am Burgweg, ist so ein Platz. Der alte Baumbestand scheint den Lärm zu schlucken, der nahe Wald strahlt Ruhe aus und aus dem Gras lugen die Grabsteinplatten empor.

„Einen ersten jüdischen Friedhof gab es in Miltenberg schon im 14. Jahrhundert. Erste Zeugnisse vom jetzigen Alten Friedhof datieren aus dem 15. Jahrhundert und Ende des 19. Jahrhunderts war er voll belegt", erzählt Zingher, der jedes einzelne Grab dokumentiert hat. Der älteste lesbare Grabstein stammt von 1752: Grab 071 von Jehuda. „Der Junge, das jüngste Kind, klug war er. Sein Vater betrauerte ihn, seinen Liebling", lautet die Grabinschrift.

Oded Zingher ist 212 Meter unter dem Meeresspiegel am See Genezareth geboren. „Ich konnte erst schwimmen und dann laufen", lacht der 77-Jährige, der es

Der Ruhe die Ruhe lassen

mit einem Digital Native aufnehmen kann. Seine Dokumentation besteht nicht aus Karteikästen mit vergilbten Zetteln. Links neben dem Friedhofstörchen hat er einen QR-Code anbringen lassen. Wer diesen scannt, bekommt Zugriff auf Zinghers komplette Dokumentation mit Lageplan und allen Grabinschriften.

Ein Besuch auf einem jüdischen Friedhof ist für einen Nicht-Juden wie ein Besuch in einem fremden Land. So vieles ist anders. Und so vieles kann man falsch machen. Blumen mitbringen zum Beispiel. Auf mancher Steinplatte häufeln sich nur kleine Steine. Ein uralter jüdischer Brauch: Auch Oded Zingher hat ein Steinchen dabei und legt es auf ein Grab. Der Ursprung soll auf den Auszug aus Ägypten zurückgehen, als die Menschen durch die Wüste zogen: Steine auf dem Grab schützten den Leichnam vor wilden Tieren. Und ein jüdisches Sprichwort besagt: „Lieber Blumen im Leben und

Am Eingang

Da geht's lang.

Riesengasse
← Alter Jüdischer Friedhof

Steine aufs Grab, als Steine im Leben und Blumen aufs Grab". Peter Sellers, einst bekannt als Inspektor Clouseau in „Der rosarote Panther", meinte dagegen: „Wenn man die Inschriften auf dem Friedhof liest, fragt man sich, wo denn eigentlich die Schurken begraben sind?" Zingher überlegt nur kurz: „Über die Toten soll nur Gutes gesagt werden …"

Allein in Deutschland gibt es rund 2000 jüdische Friedhöfe. Der Jüdische Friedhof Weißensee in Berlin ist mit 115.000 Grabstellen nicht nur der größte in Deutschland, sondern auch weltweit von kulturhistorischer Bedeutung: Das Totenregister ist vollständig erhalten. Der älteste, aufgrund der Tradition auch der bedeutendste jüdische Friedhof der Welt ist der am Ölberg in Jerusalem. Mit knapp 300.000 Grabsteinen gilt er auch als der größte.

Am schönen Marktplatz

Miltenberg ist zwar schon der Größenordnungen wegen mit den berühmten Friedhöfen nicht vergleichbar. Aber dieser verwunschen-verwilderte Platz hat eine Atmosphäre, die man selten findet. Durchschnittlich einmal pro Woche holt sich jemand den Schlüssel für das Friedhofstörchen aus dem nahen Museum, während in Prag Schlangen für ein Eintrittsticket anstehen oder Smart-Gucker durch eine schießschartenähnliche Maueröffnung kostenfreie Fotos machen. Jerusalem sieht dagegen aus wie eine Steinwüste. Und Miltenberg? Wirkt wie unberührt. Das Gras wächst und wird nur zweimal im Jahr gemäht, die Bäume stehen mächtig, als seien sie die Wächter der Toten. Die Grabsteine versinken in der Erde. Und man lässt sie versinken, um die Totenruhe nicht zu stören. Den Friedhof Friedhof sein lassen, der Ruhe die Ruhe lassen: Das ist das Wunderbare an diesem kleinen, nur 1700 Quadratmeter großen Alten Jüdischen Friedhof mit seinen gerade mal noch 136 sichtbaren Grabstellen.

Miltenberg am Main

INFO

Miltenberg, Bayern – 10.000 Einwohner

Websites:
- *juedisches-unterfranken.de*
- *miltenberg.de*

40. DINKELSBÜHL – SAN GIMIGNANO

Stadt der Türme

Das Manhattan des Mittelalters steht in der Toskana: San Gimignano. Die fränkische Antwort darauf ist Dinkelsbühl mit Turmparade, Fachwerk und engen Gassen: eine der am besterhaltenen mittelalterlichen Städte Deutschlands. Dabei ist Dinkelsbühl kein Freilichtmuseum, keine Kulisse, sondern lebendige Gegenwart gepaart mit alter Geschichte und einem kuriosen Lichtschalter ...

Romantik, was ist das eigentlich? Jenseits von literatur- und kunsthistorischen Definitionen kommt Dinkelsbühl einer Antwort sicherlich nahe: verschachtelte Gässchen und gepflasterte Plätze, verwunschen windschiefe Fachwerkhäuser wie aus dem Bilderbuch, Wassergräben und Weiher, die mächtige Stadtmauer

Eckig und rund sind die Türme von Dinkelsbühl.

mit mittelalterlichen Türmen, besonders die imposante Turmparade. Jene fünf stattlichen Türme, die auf nur 200 Metern Spalier stehen wie die Orgelpfeifen und an die berühmteste Skyline des Mittelalters erinnern: die von San Gimignano in der Toskana.

„Ich war schon mal in San Gimignano", sagt die Bewohnerin auf Hausnummer 10 am Oberen Mauerweg, unweit der Turmparade. „Aber mir gefällt's in Dinkelsbühl besser. Ich möchte nicht tauschen, selbst wenn es inzwischen keinen Supermarkt mehr in der Altstadt gibt!" Auch der Storchenfamilie auf dem Rathaus scheint es zu gefallen: „Die eine Familie ist das ganze Jahr bei uns", sagt die Dame. Die anderen vier Storchenpaare fliegen stets in ihr afrikanisches Winterquartier – vielleicht auch über die Weinreben von San Gimignano und das mittelalterliche Manhatten mit heute noch 13 (von einst 72) Türmen, die überwiegend aus dem 11. und 12. Jahrhundert stammen. „Dinkelsbühl hat noch 18 von früher 60 Türmen", sagt Ingrid Metzner, die langjährige Leiterin vom „Haus der Geschichte" in Dinkelsbühl und zeigt auf den Bäuerlinsturm, das Wahrzei-

Die Bastei an der Wörnitz

chen der mittelfränkischen Kleinstadt. „Die Dinkelsbühler Türme aus dem 14. bis 16. Jahrhundert waren allerdings reine Wehranlagen, während in San Gimignano Geschlechtertürme erbaut wurden." Diese nutzte man zwar auch zu Verteidigungszwecken, doch in erster Linie stellten sie repräsentative Wohntürme dar, die den Reichtum und die Macht der jeweiligen Familie ins rechte Licht rücken sollten. Die Frage „Wer hat den Größeren" stand dabei im Zentrum, denn die adeligen Familien wollten sich übertrumpfen und bauten bis zu 54 Meter hoch. Der Dinkelsbühler Grüne Turm kommt immerhin auf 42 Meter. „Bei uns herrschten die Zünfte. Gerber und Schuhmacher, Tucher, Schneider und Korbmacher

Vier Euro und es werde Licht!

übten ihr Handwerk aus. Sie finanzierten die Stadtmauer und die vergleichsweise große Kirche", erklärt Metzner.

Während in San Gimignano Safran und Wein für Wohlstand sorgten, waren es in Dinkelsbühl die Schafe. Mit ihrer Wolle wurde feines Tuch erzeugt. Den Wein aus Italien konnte man sich deshalb leisten. Und es wurde viel Wein getrunken, da das Wasser nicht sauber war. Solche Geschichten weiß

Helmut Gerbeth. Er ist seit 20 Jahren der Nachtwächter der Stadt und bittet täglich um 21 Uhr zum Rundgang. Er erzählt vom Bettelvogt, der die Lizenz zum Betteln vergab. Eine Blechmarke war der Bettelausweis, von der das schwäbische „Heilig's Blechle" abgeleitet wurde. Nachtwächter Gerbeth weist auch auf einen unscheinbaren Kasten an der Schranne am Weinmarkt hin: „Hat jemand vier Euro? Und will die Stadt zum Leuchten bringen?" Klack, klack, klack, klack – und tatsächlich! – die Zeitschaltuhr in dem kleinen Automaten lassen die Scheinwerfer angehen und die Sehenswürdigkeiten der Stadt erstrahlen. „Es werde Licht!", sagt der Spender mit gespielt-getragener Stimme. „Ganz persönlich für mich – aber dennoch für alle ..." Und der Nachtwächter gibt noch kund: „Das geht jeden Tag ab 22.01 Uhr, nachdem die städtische Beleuchtung abgeschaltet wurde." So etwas hat nicht mal San Gimignano!

Fachwerkhäuser am Marktplatz

Je länger man in Dinkelsbühl weilt, desto entspannter nimmt man den Ort auf. Das Städtchen liegt an der Romantischen Straße, die von Würzburg über Rothenburg, Dinkelsbühl und Augsburg nach Füssen und Neuschwanstein führt. Doch Dinkelsbühl ist kein Freilichtmuseum, keine Kulisse, sondern lebendige Gegenwart gepaart mit alter Geschichte, aber trotzdem mit all den verschachtelten Gässchen, windschiefen Fachwerkhäusern, der mächtigen Stadtmauer und den mittelalterlichen Türmen. Und: Dinkelsbühl ist kein Hotspot für Amerikaner, Chinesen, Japaner wie San Gimignano, wo man sich in einer normalen Hochsaison vorkommt wie in einer Sardinenbüchse.

Patrizierhaus mit Buchhandlung ...

4000 Einwohner leben in den schnuckeligen Häuschen der Altstadt, etwa ein Drittel aller Dinkelsbühler. Im mächtigen Kornspeicher ist heute eine moderne Jugendherberge untergebracht, in einem Patrizierhaus seit den 1960er-Jahren die Buchhandlung „Zum Grünen Baum". Die Buchhändlerfamilie Bauer stellt sich in dem 500 Jahre alten lindgrünen Gebäude den Anforderungen des 21. Jahrhunderts, bietet 15.000 Titel auch online an und behauptet sich gegen Internetkraken wie Amazon. Auf die Frage, ob es denn gar kein modernes Gebäude in der Altstadt gäbe, antwortet Ingrid Metzner: „Sie stehen direkt davor. Das Rathaus ist ein Neubau. Es stammt aus der Barockzeit ..." Die Fränkin lacht. „Nein, drei, vier Häuser, die nach 1945 gebaut wurden, gibt es schon in der Altstadt."

... und das Rathaus

Wer durch den Rothenburger Torturm von 1390 die Stadt betritt, bekommt einen Geschmack vom Mittelalter: Die Pechlöcher dienten der Wehrhaftigkeit, und oben im Turm befanden sich Gefängnis sowie Folterkammer. Es gab sogar einige Hexenprozesse und -verbrennungen. Kein Dinkelsbühler fand die Stadtmauer im Mittelalter romantisch. Sie diente dem Überleben, als Schutzwall gegen Angreifer und Pest. Und es war sicherlich auch nicht romantisch, wenn einen der Henker zum Rothenburger Torturm führte ... Spätestens jetzt wird deutlich: Romantik hat mit dem Mittelalter nichts zu tun. Nur für die Touristen der Gegenwart wirkt das Mittelalter romantisch.

Während des Dreißigjährigen Krieges (1618 bis 1648) zogen die Kinder der Stadt den angreifenden schwedischen Soldaten entgegen und flehten um Gnade. Um der kleinen Lore mit ihren Zöpfen willen, verschonte der Obrist des Angreifers die Stadt, plünderte und zerstörte sie nicht. Eine rührende Geschichte, die jedes Jahr beim Historienspiel „Kinderzeche" in Szene gesetzt wird. Es ging, wie so oft, um die Konfession. Während San Gimignano stets streng katholisch war und ist, „ging es bei uns zu wie in Nordirland", sagt Ingrid Metzner. „Einmal waren die Katholiken an der Macht, einmal die Evangelischen. Allein im Dreißigjährigen Krieg wechselten sich achtmal katholisch-kaiserliche und evangelisch-schwedische Besatzer als Stadtherren ab."

Dass Dinkelsbühl bis heute seine mittelalterliche Bausubstanz in bester Verfassung hat, ist dem bayerischen König Ludwig I. zu verdanken: Er verfügte 1826 ein Denkmalschutzgesetz – im Sinne der Romantik, die zu seiner Zeit stilprägend war. Für den Weltkulturerbestatus hat es bislang nicht gereicht. Den besitzt San Gimignano schon seit 1990. Und schon im 16. Jahrhundert, als Dinkelsbühl gerade entstanden war, befahl Großherzog Cosimo I. de' Medici, dass in San Gimignano keine neuen Gebäude mehr errichtet werden dürfen: „Wer durch die Tore der Stadt tritt, soll eine Reise in vergangene Zeiten machen!" Wenn das nicht romantisch ist – mitten im Mittelalter ...

Der Bäuerlinsturm mit seinem markanten Dach

INFO

Dinkelsbühl, Bayern – 12.000 Einwohner

Museum: *hausdergeschichte-dinkelsbuehl.de*

Unterkunft:
- Weisses Ross: Künstlerhotel in der Altstadt und eines der ältesten Hotels Deutschlands; DZ ab 90 EUR; Steingasse 12, 91550 Dinkelsbühl, Tel. 09851 579890, *hotel-weisses-ross.de*

Website: *tourismus-dinkelsbuehl.de*

41. HIRSCHAU – ABU DHABI

Heiß statt Eis

Skifahren ganz ohne Schnee und noch dazu mitten im Sommer, da fällt einem nur die große Moreeb-Sanddüne in der Wüste von Abu Dhabi ein. Doch dort kann man angesichts der extrem heißen Temperaturen nur weit nach Sonnenuntergang oder erst im Winter fahren, will man keine Verbrennungen riskieren. Im oberpfälzischen Hirschau gibt es hingegen am Monte Kaolino reichlich Quarzsand fürs sommerliche Sandboarding.

Ob mit Ski ...

Manche Skipisten sind nichts für Anfänger, die legendäre Streif in Kitzbühel zum Beispiel. Da geht es fast senkrecht nach unten und Rennläufer beschleunigen bei ihrer Abfahrt auf bis zu 145 Stundenkilometer. Auch auf dem Monte Kaolino im oberpfälzischen Hirschau kann einem das Herz in die Hose rutschen, blickt man bei 45 Prozent Gefälle vor der Abfahrt nach unten. Aber die Angst ist völlig unbegründet, schließlich fährt man hier auf Sand. Da ist ein steiles Gefälle sogar notwendig, damit man richtig in Schwung kommt, weil der Reibungswiderstand der Quarzkörnchen die Abfahrt verlangsamt. Technik und Ausrüstung sind zwar dieselben wie beim Skifahren oder Snowboarden, nur auf Sand fühlt es sich in etwa so an, als würde man durch Tiefschnee fahren.

... oder mit Snowboard ...

Sandboarding und Sandskifahren sind aber keine neuen Trenderscheinungen. Bereits in den 1940er-Jahren wurde diese Sportart in den USA bekannt und verbreitete sich später sogar bis in die Arabischen Emirate, wo in der größten Wüste der Welt in der Liwa-Oase auf der bekannten Moreeb-Düne, etwa 250 Kilometer südwestlich von Abu Dhabi, die Sanddünen bis zu 300 Metern in die Höhe wachsen. Einziger Nachteil: Anders als auf Schneebergen stehen hier keine Lifte zur Verfügung, und Sandboarder müssen die Dünen nach jeder Abfahrt immer wieder von Neuem erklimmen oder sind auf Veranstalter angewiesen, die bei gebuchten Wüstenausflügen mit leistungsstarken Jeeps für den Liftersatz sorgen. Obendrein lohnt das Sanddünen fahren in der Wüste meist nur im Winter oder nach Sonnenuntergang, will man sich beim Sturz nicht schwere Verbrennungen zuziehen.

Da hat man es auf dem Monte Kaolino schon besser getroffen, denn in der Sommersaison lässt es sich hier bedenkenlos im T-Shirt über die Düne düsen. Schon seit 1833 wird rund um Hirschau Kaolin abgebaut, das in der Glas-, Gießerei-, Papier-, Keramik- und bauchemischen Industrie Verwendung findet. Da der Quarzsand bei der Kaolinaufarbeitung quasi als Abfallprodukt anfällt, wuchs der Berg stetig bis auf heute 32 Millionen Tonnen Sand. Und so gab es auf dem Monte Kaolino schon 1957 erste Sommerski-Veranstaltungen. Heute bringt eine Liftanlage bestehend aus zwei Schiffchen mit Platz für je neun Personen Besucher hinauf zur Aussichtsplattform. Die 120 Meter hohe Abraumhalde aus Quarzsand ist vermutlich sogar das einzige Skigebiet, das im Winter schließt.

... „Winter"-Spaß auch im Sommer

Sandpiste am Monte Kaolino

Wenn man sich den beigen Sand noch etwas weißer träumt, sieht so eine Abfahrt eigentlich aus wie normales Alpinskifahren nur eben ohne Schnee. Eingehüllt in einem Schweif aus Sand fühlt man sich nach einigen Abfahrten jedoch fast schon wie ein Komet. Anders als in der Wüste hat die sandige Angelegenheit in Hirschau den Vorteil, dass am Fuß des Monte Kaolino sogar ein Dünenfreibad für Erfrischung nach dem Sandskifahren sorgt. Im Wasser lässt es sich wunderbar entspannen und dabei zusehen, wie andere ihre Schwünge durch den Quarzsand ziehen.

INFO

Hirschau, Bayern – 6068 Einwohner

Aktivitäten:
- Monte Kaolino: Skier, BigFoot und Sandboards inkl. Schuhe gibt es gegen Gebühr zu leihen, Dienhof 26, 92242 Hirschau, Tel. 09622 703713

Website: *montekaolino.eu*

42. REGENSBURG – PRAG

Goldene Stadt an der Donau

Wie sich die beiden Stadtansichten von Prag und Regensburg doch gleichen: eine langgezogene Bogenbrücke, die einen großen Strom überspannt, dahinter der Dom und eine historische Altstadt mit ihren schmalen Gässchen. Die Steinerne Brücke der Donaumetropole Regensburg war sogar einst Vorbild für die heute wesentlich berühmtere Prager Karlsbrücke und ist somit auch noch wesentlich älter als diese.

Wenn jemand eine Wette mit dem Teufel eingeht, nimmt das meist kein gutes Ende. Außer man ist so clever wie die Regensburger. Nach der bekanntesten Legende der Stadt wollte der Erbauer der Steinernen Brücke sein Bauwerk unbedingt schneller vollenden als sein Konkurrent, der Dombaumeister. Noch heute erinnert daran die Figur des Bruckmandls auf der Brückenmitte, die mit schützend über die Augen gehaltener Hand hinüberschaut, welche Fortschritte der Kirchenbau macht. War dem Dom zweifellos Gottes Hilfe vorbehalten, so musste für weltliche Monumente wie eine Brücke notgedrungen der Teufel herhalten, wenn es darum ging, Außergewöhnliches in kürzester Zeit zu bewerkstelligen.

Autofreier Brückenspaziergang

Steinerne Brücke von Regensburg

Während sich der Dombau mehr als 250 Jahre hinzog, war die Steinerne Brücke in nur elf Jahren bereits 1146 fertig. Damals als achtes Weltwunder gefeiert, diente sie den Pragern als Vorbild für die Karlsbrücke, deren Bauarbeiten erst 1357 begannen. Ihre prächtigen Steinskulpturen erhielt die Moldaubrücke aber erst im Barock, als Regensburg für solche Ausgaben längst zu arm war. Kurioserweise haben die Prager sogar ihre Eigenständigkeit den Regensburgern zu verdanken, denn 973 stimmte Regensburgs Bischof Wolfgang für die Abtrennung des bis dato zu seinem Missionsgebiet gehörenden Böhmen und ermöglichte so erst die Gründung des Bistums Prag.

Zwei Hähne und ein Hund waren in Regensburg die ersten, die der Baumeister über die Brücke schickte. Damit löste er seine Wette mit dem Teufel ein, dem er die ersten drei Seelen versprochen hatte, die über die Brücke laufen. Aus Wut darüber soll der Teufel versucht haben, das Bauwerk wieder zu zerstören. Weil das jedoch nicht gelang, schließlich war die Brücke ja teuflisch gut gebaut, schoss Luzifer hinab in die Donau und verursachte die berühmten Donaustrudel. „Als wir jüngst in Regensburg waren, sind wir über den Strudel gefahren", summt ein älteres Ehepaar an der Brückenbrüstung und beobachtet amüsiert die Flussschiffe beim schwierigen Manöver gegen die starke Strömung.

Für das bekannte Volkslied interessieren sich junge Regensburger heute herzlich wenig, wenn sie sich mit anderen Studenten an ihrem Lieblingsplatz auf der Jahninsel unter der Brücke zum Sundowner treffen. Hier auf halber Strecke zwischen Altstadt und gegenüberliegender Uferseite, lässt man die Füße beim Feierabendbier ins Wasser baumeln und prostet hinüber zur Altstadtfront, wo

Vom Goliathhaus lässt es sich ...

sich an lauen Sommerabenden die Kaimauer ebenfalls mit Menschen füllt, die noch die letzten Sonnenstrahlen auskosten wollen. An der Prager Karlsbrücke ist das beinahe genauso, denn auch die tschechische Hauptstadt hat viele Studenten, von Touristen ganz zu schweigen.

Im kleineren Regensburg geht es da noch vergleichsweise entspannt zu. Vor allem wenn man bedenkt, dass die Stadt an der Donau weit mehr Bezüge zu Prag bereithält als eine imposante Brücke. Nicht nur Prag verfügte schon im Mittelalter über eine bedeutende jüdische Gemeinde, auch in Regensburg existierte damals längst eine der größten jüdischen Ansiedlungen in Deutschland, dessen ehemaliges Viertel um den Neupfarrplatz lag. Früher als provinziell verschrien, hat Regensburg seit 2006 durch den Erhalt des UNESCO-Welterbetitels, wie auch Prag ihn besitzt,

... gut durch die Altstadtgassen streifen.

schnell international aufgeholt. Lässt man sich durch die engen Regensburger Altstadtgässchen treiben, erweist sich die nahezu vollständig erhaltene mittelalterliche Bausubstanz nicht minder attraktiv.

Das Bruckmandl hält Ausschau.

Wie Prag ist auch Regensburg Hauptstadt, und zwar die des Regierungsbezirks Oberpfalz. Die Donaumetropole war bereits die erste mittelalterliche Hauptstadt Bayerns und wurde wegen ihres wirtschaftlichen Aufschwungs Mitte des 13. Jahrhunderts Freie Reichsstadt. Die Grenze des Heiligen Römischen Reiches endete jedoch direkt an der Donau und das Ausland begann schon jenseits der Steinernen Brücke am andern Ufer. Dort gehörte Stadtamhof schon zu Bayern und war bis 1810, als Regensburg dem Königreich Bayern einverleibt wurde, Feindesland. „Über die Donau heiratet man nicht", hieß es.

Ausgerechnet bei den einst verhassten Bayern liegt das St.-Katharinenspital, dessen älteste Stiftungsbrauerei der Welt mit Prags angestammter Biertradition gut mithalten kann. War das Bier hier noch 1226 zur Stärkung der untergebrachten Kranken gebraut worden, bekommen bis heute die Bewohner des Seniorenheims auf Wunsch ihren kostenlosen Haustrunk: drei Halbe Bier pro Woche. Ein Alterswohnsitz mit Freibier auf Lebenszeit, welch verlockender Gedanke!

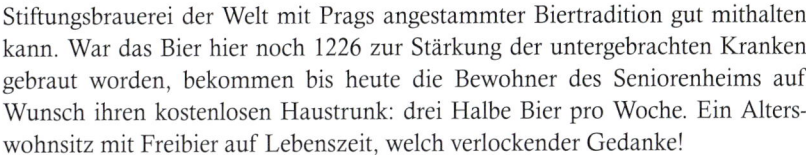

INFO

Regensburg, Bayern – 152.610 Einwohner

Restaurant:
- Historische Wurstkuchl: offener Holzkohlengrill, hausgemachte Würstl, Sauerkraut aus dem eigenen Gärkeller; Thundorferstraße 3, 93047 Regensburg, Tel. 0941 466210, *wurstkuchl.de*

Spitalbrauerei: *katharinenspital.de*

Website: *tourismus.regensburg.de*

43. HALLERTAU – ŽATEC

Wo das Bier wächst

In der Hallertau wird die bayerischste aller Pflanzen angebaut – der Hopfen. Das sogenannte „grüne Gold" bestimmt in diesem größten Hopfenanbaugebiet der Welt mitten im Herzen Bayerns das Landschaftsbild wie auch die Identität und Kultur der Bewohner. Weltmeister im Biertrinken sind jedoch schon immer die Tschechen, die ihren Hopfen in Žatec im Nordwesten des Landes anbauen.

Im Sommer prägt das unendliche Grün der Hopfengärten die gesamte Landschaft der Hallertau. Bis zu sieben Meter hohe Hopfenpflanzen ragen in den Himmel und hüllen die Region in eine ganz besondere Atmosphäre. Die Luft riecht unverwechselbar würzig und überall herrscht geschäftiges Treiben, schließlich ist im August und September Erntezeit. Zwischen München, Ingolstadt,

Hallertauer Hopfenmuseum

Hopfen prägt Dörfer ...

Regensburg und Landshut gelegen, ist die Hallertau mit 2400 Quadratkilometern mitten in Bayern das größte zusammenhängende Hopfenanbaugebiet der Welt. Etwa 86 Prozent des in Deutschland produzierten Hopfens wachsen hier.

Der Anbau wird heute fast ausschließlich von Familienbetrieben geleistet, wobei seit 1967 die Hopfenernte weitgehend Maschinen erledigen. Direkt am Hof durchläuft der frisch geerntete Hopfen dann verschiedene Reinigungsstufen und wird anschließend getrocknet. Bis in die 1960er-Jahre waren noch jedes Jahr an die 70.000 Saisonarbeiter für die schwere Arbeit in die Hallertau gekommen.

... und Gärten.

Bierflaschensammlung im Hopfenmuseum

Hopfendolden vor der Ernte

Am letzten Abend luden die Bauern zum Abschluss der Hopfenernte die fleißigen Pflücker zum traditionellen Essen ein, dem Hallertauer Hopfenzupfermahl. Es ist bis heute im Brauchtum verankert und hat sich zur kulinarischen Besonderheit entwickelt, die man in vielen Hallertauer Gaststätten zur Erntezeit genießen kann. Aufgetischt werden: Nudelsuppe, Schweinebraten mit Kartoffel-Endiviensalat sowie ein kühles heimisches Bier.

Eigene Hopfenbotschafterinnen führen zur Erntezeit über ihre Höfe und lassen Besucher den Hopfen bei einer Erlebnisführung regelrecht fühlen, riechen und schmecken. Hopfenkränze werden gebunden und Kostproben von selbst gemachtem Bierbrot, Hopfenbutter oder Hopfentee gereicht. Vor allem aber ist Hopfen zentraler Bestandteil des Bieres. Er verleiht ihm den herben und bitteren Geschmack, verbessert seine Haltbarkeit und stabilisiert den Schaum. Allerdings sind mit einem jährlichen Pro-Kopf-Konsum von knapp 160 Litern nicht die Deutschen, sondern die Tschechen Weltmeister im Biertrinken, deren Hopfenanbauregion bei Žatec liegt, wo schon seit 1261 Bier gebraut wird. Hier fand man bei Grabungen angeblich auch den ältesten Biertrinker der Welt: ein Skelett samt kleiner Tontafel mit sieben Kerben, die als älteste Bierrechnung der Welt gilt.

Nach der Hopfenernte, bei der die ganze Rebe geerntet wird, verändert sich die Landschaft in der Hallertau völlig. Wegen der geleerten Hopfengärten sieht man plötzlich wieder die ursprüngliche Gegend. Wenn sich dann im Herbst der Nebel allmählich aus dem Hügelland verzieht, offenbart sich die spröde Schönheit der Hallertau mit windschiefen leeren Hopfengestellen querfeldein. Erst im März kehrt wieder Leben ein, wenn die ersten Bauern mit der Hacke vorsichtig die oberste Erdschicht lockern, bis kleine weiße Triebe sichtbar werden: der Hopfenspargel. Nur die Sprossen, die im Dunkel der Erde austreiben, sind genießbar – eine vergessene Delikatesse. In anderen Hopfengärten werden hingegen schon wieder die Drähte gespannt, an denen die Pflanzen bald wieder in die Höhe wachsen.

Hopfenpflücker-Skulptur

INFO

Hallertau, Bayern –Fläche: 2400 Quadratkilometer

Museum: *hopfen-erleben.de, hopfenmuseum.de*

Website: *hopfenland-hallertau.de*

44. ALTÖTTING – LOURDES

Im Herzkammerl Bayerns

Als ältester und berühmtester Wallfahrtsort Bayerns spielt Altötting seit jeher eine wichtige Rolle im Seelenleben der Bevölkerung und steht durchaus auf einer Stufe mit dem französischen Lourdes. Mehr als 2000 Votivtafeln säumen den Umgang der Altöttinger Gnadenkapelle, in deren mystischem Dunkel sich die legendäre Schwarze Madonna und die Herzurnen bayerischer Könige, Herzöge und Kurfürsten befinden.

Die Gnadenkapelle

Sie gehört zu den Bestgekleideten ihrer Art, denn passend zur Liturgie stehen der legendären Schwarzen Madonna 21 sogenannte Gnadenröckl zur Verfügung, deren Stoffe vielfach von Brautkleidern bayerischer Prinzessinnen stammen. Eine Mutter soll einst ihren kleinen Jungen, der im Stadtbach ertrunken war, in die Gnadenkapelle gebracht und Maria um Hilfe gebeten haben. Nachdem das

Kind wieder zum Leben erwachte, reihte sich angeblich Wunder an Wunder bis zur Gegenwart und macht Altötting seit mehr als 500 Jahren zum bedeutendsten Marienwallfahrtsort im deutschsprachigen Raum. Vergleichbar mit Lourdes, dem meistbesuchten Marien-Pilgerort weltweit. Nach Altötting kommen mehr als eine Million religiöse Besucher jedes Jahr, etwa 50.000 sollen sogar den ganzen Weg zu Fuß auf sich nehmen.

Weihrauch aus der Manufaktur

Draußen am Kapellplatz treffen die Wallfahrer schubweise in Gruppen ein, es ist ein An- und Abschwellen wie bei Ebbe und Flut. Besonders magisch ist die Stimmung, wenn die Pilger samstagabends die Kapelle in einer Lichterprozession umrunden. Reichlich Kundschaft für die vielen Devotionalienhandlungen, die neben den üblichen Rosenkränzen und Weihwasserfläschchen auch Ausgefallenes wie Berührungsreliquien, schwarze Wetterkerzen oder Weihrauchpralinen auf dem Kapellplatz anbieten. Er ist einer der schönsten Stadtplätze Deutschlands, geplant vom Münchner Hofbaumeister Enrico Zuccalli Ende des 17. Jahrhunderts. Alle Kieselsteinwege laufen hier auf den Mittelpunkt Altöttings zu, in dem eine kleine, von außen beinah unscheinbar wirkende Kapelle steht, ein achtseitiges Baptisterium von Anfang des 8. Jahrhunderts, an das 1494 ein Langhaus angefügt wurde.

Das barocke Innere und der angebaute überdachte Umgang der Gnadenkapelle sind bis auf den letzten Zentimeter voll von mehr als 2000 Votivtafeln. Sie erzählen herzzerreißende Geschichten, in denen in der Not die Hilfe Marias erfleht oder sich bedankt wird, wenn Unheil überstanden wurde. Beinprothesen, Gehhilfen und Armschienen sind zwischen die Bilder drapiert. Gläubige nehmen bisweilen eines der vielen Holzkreuze im Arkadenumlauf und umrunden auf Knien betend die Gnadenkapelle. Manche nur einmal, manche unzählige Male. Ein archaisches Ritual der Reinigung und Buße.

Es ist ein magischer Ort der Volksfrömmigkeit, unter dessen Arkaden man gerne verweilen mag, um all die Geschichten auf den Votivtafeln zu studieren. Auch manch Kurioses ist zu entdecken, wie die Danksagung, dass Maria nicht geholfen hat und man so das Beten gelernt habe, oder der Dank für den bestandenen Realschulabschluss. Dass Maria auch in modernen Zeiten hilft, zeigt ein Votivtäfelchen von 1992, auf dem geschrieben steht: „Um ein Haar hätt mich erschlagen die Eiskugel vom Flugzeug aus, Dank für Rettung will ich sagen der Gnadenmutter im Gotteshaus". Und im Gemälde ist zu erkennen, wie eine große Eiskugel von einem Flugzeug herunterfällt und einen jungen Wanderer nur knapp verfehlt. Anbringen darf man so eine Tafel nicht selbst. Die Wallfahrtsadministration entscheidet, welches Votivbild einen Platz bekommt, wenn beispielsweise witterungsbedingt marode gewordene Tafeln abgenommen werden müssen.

Wer das Innere der Gnadenkapelle betritt, wird von der stockfinsteren Dunkelheit des Altarraums eingesaugt. Es dauert eine Weile, bis sich die Augen an den höhlenartigen Raum gewöhnt haben. Auch die Geräusche scheint die Dunkelheit aufgesogen zu haben, denn die Pilger betreten den kleinen, oktogonalen Raum fast lautlos wie auf Zehenspitzen. Nachtschwarze Wände schlucken das Licht der Kerzen. Nur der Altar, in dessen Mitte ein Schrein mit der Schwarzen Muttergottes thront, schimmert in Gold und Silber. Die kaum mehr als 64 Zentimeter große Lindenholzfigur ist vom Ruß der Kerzen über die Jahrhunderte dunkel geworden.

Im Arkadenrundgang der Gnadenkapelle

Andacht vor der Schwarzen Madonna

In den Kapellnischen sind 13 silberne Urnen zu erkennen, in denen die Herzen von bayerischen Königen, Herzögen und Kurfürsten, unter anderem Kaiser Karl VII. und Ludwig II., sowie dem kaiserlichen Feldherrn Tilly aufbewahrt werden. Was hier an weiteren Urnen keinen Platz mehr fand, ruht unter dem Pflasterboden. Der erzkatholische Kurfürst Maximilian I. hatte seinen Glauben in einem mit seinem eigenen Blut geschriebenen Brief besiegelt und als Erster seinen Körper in München, aber sein Herz in Altötting bestatten lassen und die meisten Wittelsbacher Regenten taten es ihm nach. Herzurnen, auch sie sind eine Altöttinger Besonderheit, die vielen Auswärtigen bizarr erscheinen mag. Aber man kann noch so kritisch oder ungläubig sein, der Faszination Altöttings entzieht sich letztendlich keiner.

INFO

Altötting, Bayern – 111.210 Einwohner

Museum: *weihrauch-manufaktur.de*

Website: *altoetting.de*

45. BURGHAUSEN – MARIENBURG

Die Weltrekord-Burg

Mit einer Gesamtlänge von mehr als einem Kilometer schafft es die Festung von Burghausen als längste Burganlage der Welt ins Guinnessbuch der Rekorde. Sie ist damit mächtiger als die größte Backsteinburg der Welt, die Marienburg in Polen. In Burghausens ausgedehnter Wehranlage mit ihren vielen Türmen, Toren, Brücken und Vorhöfen können Besucher wie durch eine andere Zeit spazieren.

Erstreckt sich über den ganzen Bergrücken: Burghausens Festung

„Lüfte das Haar", forderten einst die Burgwächter, bevor sie Fremden Einlass in die Festung gewährten. Schließlich sollten keine Schlitzohren nach Burghausen hereinkommen, die am geschlitzten Ohrläppchen leicht zu erkennen waren, weil man ihnen als Strafe für ihre Missetaten damals den Zunftohrring abgerissen hatte. Mit bis zu elf Meter hohen Mauern ist die über der Salzach thronende Residenz der Wittelsbacher gut geschützt, weshalb sie nie eingenommen wurde. Denn bis man zu den Kemenaten und zur Schatzkammer vordringen konnte, hätten Feinde fünf Vorhöfe samt Mauern und Gräben überwinden müssen. Ähnlich ist das auch im polnischen Malbork, wo die immerhin 800 Meter lange Marienburg als weltgrößte Backsteinburg in Vorburg, Mittel- und Hochschloss gegliedert ist und ab 1309 die Machtzentrale des Deutschen Ordens war.

Plättenfahrt auf der Salzach

In Burghausen verkörperte die stärkste Landesfestung den Macht- und Repräsentationswillen der bayerischen Herzöge. Von 1255 bis 1503 war die Burg Zweitresidenz der in Landshut residierenden niederbayerischen Herzöge. Die Landshuter Hochzeit erinnert bis heute an die berühmte Vermählung von Herzog Georg dem Reichen von Bayern-Landshut und seiner Frau Hedwig, die zu den bekanntesten Burgbewohnern zählten. Wie ein riesiger Wassergraben schlingt sich die Salzach mit dem Wöhrsee, einem Altarm des Alpenflusses, schützend um den Burgfels. Auf dem Höhenzug hat man die beste Aussicht in alle Himmelsrichtungen, weshalb die durch den Salzhandel reich gewordenen Herzöge ihre Burg ab 1255 stetig erweiterten, bis sie eine Weltrekordlänge von 1051 Metern erreicht hatte.

War früher der Salzhandel die Quelle des Burghausener Reichtums, ist der zentrale Wirtschaftsfaktor seit fast hundert Jahren nun die Chemie- und Petrochemie. Sie erwirtschaftet etwa neun Milliarden Euro im Jahr und macht den kleinen Ort zu einem der wohlhabendsten Kommunen Bayerns. Noch im Mittelalter wurde dagegen Salz aus den Salinen von Hallein bei Salzburg nach Burghausen auf sogenannten Plätten transportiert. Als Flachbodenkähne konnten sie nicht von den Kiesbänken beschädigt werden. Dass die Schiffer früher nicht schwimmen konnten, erschien den Frachtbesitzern durchaus als Vorteil, denn in gefährlichen Situationen sollten die Steuermänner das Boot nicht voreilig verlassen. Eine historische Plättenfahrt auf der Salzach zeigt die Stadt mit ihrer Burg auch heute noch aus einer der schönsten Perspektiven.

Doch auch oben auf der Burg hat man den Eindruck, durch ein idyllisches Dorf zu spazieren. Heute finden hier drei Museen reichlich Platz für Ausstellungen und viele Künstlergruppen eine spektakuläre Kulisse für ihre Konzerte und Schauspiele. Die Bayerische Schlösserverwaltung vermietet in der Festungsanlage sogar etwa 50 Privatwohnungen. Menschenscheu sollte man als Burgbewohner allerdings nicht sein, wenn plötzlich wildfremde Menschen im Vorgarten oder gar im Hausflur stehen und überrascht sind, dass Burghausens Burg kein reines Museum, sondern auch bewohnt ist.

Gut geschützt durch Tore und Gräben

INFO

Burghausen, Bayern – 18.700 Einwohner

Aktivitäten: Jazzwochen, *b-jazz.com*

Website: *visit-burghausen.com*

46. HERRENCHIEMSEE – VERSAILLES

Versailles am Chiemsee

König Ludwig II. baute sein Schloss auf der Herreninsel im Chiemsee einst als Hommage an Frankreichs Sonnenkönig Ludwig XIV. Im Gegensatz zu diesem machte der Bayernkönig die Nacht gern zum Tag, was ihm den Namen Mondkönig einbrachte. Sein Herrenchiemsee gestaltete der Perfektionist als Interpretation von Schloss Versailles, und auch wenn es nie vollendet wurde, ist es weit mehr als nur eine Kopie.

Einsam liegt es da das herrschaftliche Schloss, als mitten in der Nacht ein paar Besucher mit dem Boot auf die Insel nach Herrenchiemsee übersetzen. Schon seit Stunden sind Park und Schloss geschlossen, doch in einem Zimmer des Schlosses ist noch Licht zu sehen. König Ludwig II. allein zu Haus? Eine märchenhafte Vorstellung, wie sie die Gäste von Konrad Hollerieth lieben, wenn sie mit ihren Laternen wie Glühwürmchen bei ihrer Nachtwanderung durch den Schlosspark irrlichtern. Im Schein des Vollmonds wollen sie vor imposanter Schlosskulisse der Musik von Richard Wagners Tannhäuser lauschen, die ihr stilvoll in Gehrock und Zylinder gewandeter Gästeführer vom CD-Player spielt.

Der Bayerische Monarch verehrte den Sonnenkönig so grenzenlos, dass er ihm Herrenchiemsee als privates Denkmal widmete. Schließlich wähnte sich Ludwig II. in der Ahnenreihe Frankreichs König Ludwig XIV., denn seinen Taufnamen hatte er über ein direktes Patenschaftsverhältnis innerhalb beider Königsdynastien erhalten. Rauschende Feste auf Herrenchiemsee? Fehlanzeige. In

Inselpark mit Schlossblick

Versailles hingegen präsentierte sich der König gern im Kreis seiner zahlreichen Höflinge. Im Paradeschlafzimmer stand selbst sein Aufstehen und Schlafengehen im Mittelpunkt des öffentlichen Interesses. Es galt als größte Ehre, dem Monarchen vor allen Augen das Hemd zu reichen. In Herrenchiemsee völlig undenkbar. Denn das Paradeschlafzimmer nach Versailler Vorbild war einzig als begehbares Denkmal und nicht zum profanen Übernachten vorgesehen.

Während in Versailles der Hofadel durch die Spiegelgalerie promenierte, um die Aufmerksamkeit des Königs zu erheischen, wandelte auf Herrenchiemsee nur einer: Ludwig II. Heute schreitet Kastellanin Veronika Endlicher den Spiegelsaal

Im prunkvollen Spiegelsaal

ab, um nach dem Rechten zu sehen. 5000 Kerzen gibt es auf Herrenchiemsee, die meisten davon auf Lüstern und Kandelabern im Spiegelsaal. Wegen Brand- und Verrußungsgefahr sind sie längst nicht mehr im Einsatz, aber Staub sollen sie auch keinen ansetzen. Seit 2012 leitet die studierte Historikerin den kompletten Schlossbetrieb. Schon der Weg mit dem Boot zur Arbeit eröffnet Endlicher jedes Mal einen geheimnisvollen Blick auf Herrenchiemsee. Wenn zwischen urwüchsigem Buchenwald das Schloss kurz aufblitzt, bleibt geschickt verborgen, dass dem unvollendeten Monument beide Seitenflügel seines Versailler Vorbilds fehlen. Eine perfekte Illusion also.

Mit Kopien ist das immer eine vertrackte Sache, erreichen sie doch nie die Strahlkraft des Originals. Aber als Kopie dürfe man Herrenchiemsee auch nicht verstehen, sondern als Rekonstruktion und Interpretation, sagt die Kastellanin. Vieles,

Wasserspiele am Fortuna- ...

was in Versailles längst zerstört war wie die Kleine Spiegelgalerie, ließ Ludwig II. auf Herrenchiemsee nach alten Plänen neu oder manches, wie den großen Spiegelsaal, sogar noch größer und prunkvoller gestalten. Ludwigs Architekt Georg Dollmann war eigens nach Versailles gereist, um das Schloss zu studieren. „Französische Besucher sind schier begeistert, dass sie bei uns einen Eindruck von dem bekommen, wie Versailles früher aussah. Herrenchiemsee gleicht Versailles zwar in einigen Zügen, übertrifft sein Vorbild jedoch in mancher Hinsicht", sagt Endlicher. Schließlich war Ludwig II. Perfektionist, wenn es um Qualität der Materialien ging und konnte 1878 längst auf technische Errungenschaften zurückgreifen, die dem Sonnenkönig noch nicht zur Verfügung standen.

... und Fama-Brunnen

Terrasse des Schloss-Cafés

Während in Versailles die Mätressen des Königs in strengen Wintern sogar platzende Likörflaschen beklagten, verfügte Herrenchiemsee schon über eine Warmluftheizung. Ein großes Glasdach sorgte im Prunktreppenhaus für Tageslicht und ein im Boden versenkbarer Speisetisch, das sogenannte Tischlein-deck-dich, war mit einer unsichtbaren Mechanik ausgestattet, damit der König seine Mahlzeiten ohne Störung servierender Bediensteter einnehmen konnte. Denn die deckten das Tischlein eine Etage tiefer ein und kurbelten es dann nach oben, wo der Monarch Zwiesprache mit fiktiven Gästen aus dem Kreise Ludwig XIV. zu halten pflegte, die zurzeit Ludwigs II. bereits 150 Jahren tot waren. „Wie Miss Sophie in ‚Dinner for one‘", schwärmt eine Besucherin.

„Ein ewig Rätsel will ich bleiben, mir und anderen", hatte Ludwig einst notiert, und dieses Rätselhafte fasziniert die Menschen bis heute. Da mag es vielleicht sogar ein Glücksfall sein, dass sich der reale Hergang von Ludwigs Tod heute kaum mehr hieb- und stichfest klären lässt. So halten all die abenteuerlichen Spekulationen die Legende vom mysteriösen Märchenkönig für immer am Leben.

INFO

Herrenchiemsee, Bayern: 2,4 Quadratkilometer

Website: *chiemsee-chiemgau.info/herrenchiemsee*

360°

HEIMAT**MOMENTE** legt den Fokus auf unvergessliche Momente und spannende Mikroabenteuer. Freuen Sie sich auf Tipps zu ausgefallenen und erlebnisreichen Ausflügen, kulinarischen Highlights sowie einzigartigen Kultstätten und anderen Kuriositäten.

In der Reihe sind bisher erschienen:

Bernadette Olderdissen
ISBN 978-3-96855-071-8

Stephanie von Aretin
ISBN 978-3-96855-078-7

Jenny Menzel
ISBN 978-3-96855-074-9

Cornelia Lohs
ISBN 978-3-96855-076-3

Nadine Taylor
ISBN 978-3-96855-077-0

Anke Fietzek
ISBN 978-3-96855-075-6

Mehr Infos unter
360grad-medienshop.de/heimatmomente

HEIMAT**MOMENTE**

**Preis
je 14,95 €**

Christian Dose &
Carolin Gerstenmaier
ISBN 978-3-96855-086-2

Sabine Loeprick
ISBN 978-3-96855-258-3

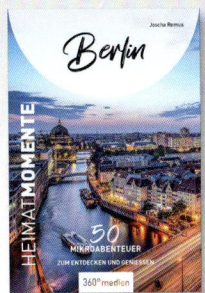

Joscha Remus
ISBN 978-3-96855-073-2

Marina Friedt
ISBN 978-3-96855-267-5

Versandkostenfreie Lieferung innerhalb Deutschlands

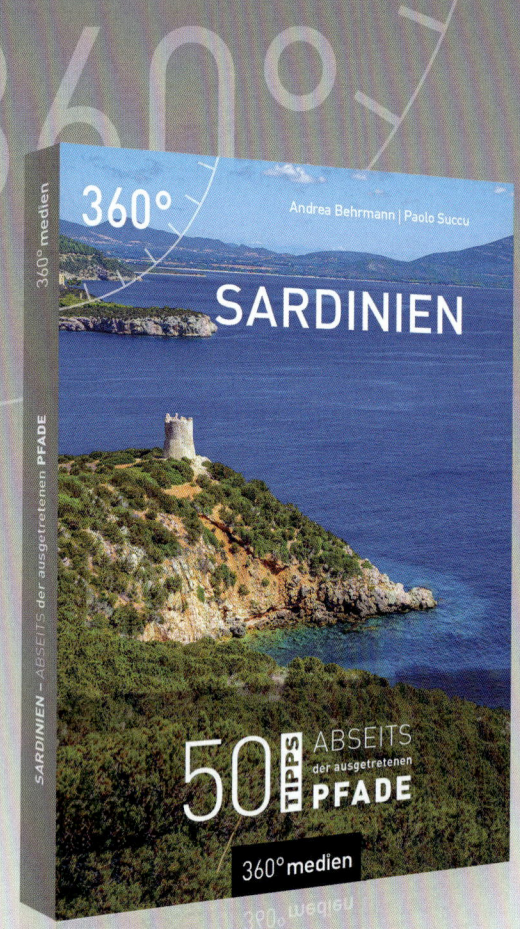

360°

Andrea Behrmann | Paolo Succu

SARDINIEN

50 TIPPS **ABSEITS** der ausgetretenen **PFADE**

360° medien

Andrea Behrmann
& Paolo Succu
Format: 16,5 x 11,5 cm

ISBN 978-3-96855-277-4

Sardinien – die Insel mit nur 1,6 Millionen Einwohnern lockt mit feinen Sandstränden, meterhohen Steilküsten, riesigen Lagunen, hübschen Bergdörfern und einer atemberaubenden Natur. Da vor allem im Sommer viele bekannte Ziele überlaufen sind, bietet dieses Buch 50 Vorschläge, die nicht gleich jedem Urlauber in den Sinn kommen. Die meisten liegen ein wenig abseits, aber manchmal auch in unmittelbarer Nähe zu den berühmten Sehenswürdigkeiten wie der Strand von Portu Sèssini, der seinem großen Bruder in der Nachbarbucht eigentlich in nichts nachsteht. Und wenn dort am Abend die Sonne am Horizont untergeht, weiß man, dass man auf einer der schönsten Inseln Italiens zu Besuch ist.

Mehr Infos unter
360grad-medienshop.de/Sardinien

Versandkostenfreie Lieferung innerhalb Deutschlands

ABSEITS DER AUSGETRETENEN PFADE

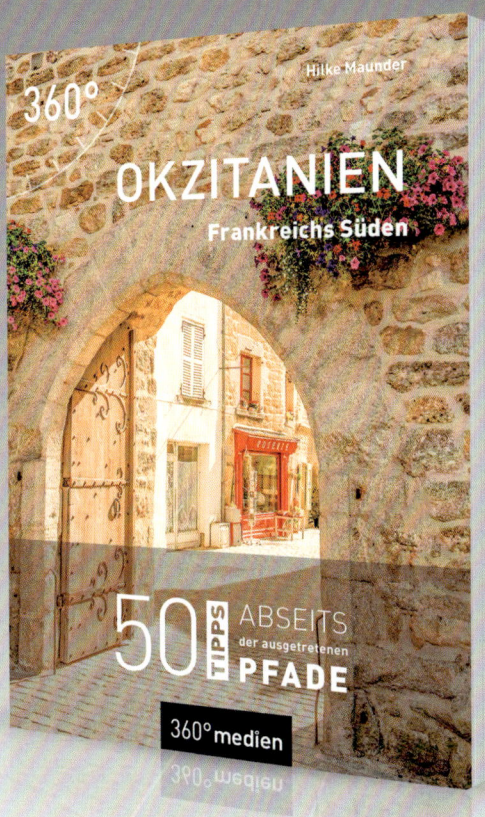

**Preis
je 14,95 €**

Hilke Maunder
Format: 16,5 x 11,5 cm

ISBN 978-3-96855-278-1

L'Occitanie ist Frankreich – und doch ganz anders. Katharerburgen erzählen vom Kampf gegen Kirche und Krone, eine gelbe Pflanze vom blauen Wunder, das Okzitanien im Mittelalter reich machte. Acht Welterbestätten birgt die zweitgrößte Region Frankreichs, 40 Grand Sites – und schier unzählige Highlights, die abseits liegen. 50 dieser Juwele enthält dieser Band: besondere Menschen, einzigartige Museen, Wander- und Radeltipps, Naturperlen und Kunststätten, die überraschen. Abseits in Okzitanien: Bienvenue im Paradies für Entdecker!

Mehr Infos unter
360grad-medienshop.de/Sardinien

Weitere Titel der Reihe **Abseits-der-ausgetretenen-Pfade** unter:
360grad-medienshop.de/Abseits-der-ausgetretenen-Pfade

Versandkostenfreie Lieferung innerhalb Deutschlands